ANTONIO ANTÚNEZ MEDINA

SERGIO J. IBÁÑEZ GODOY

(Coords)

EL CAMINO HACIA LA *EXCELENCIA* EN BALONCESTO

Este libro ha sido parcialmente financiado por el Ministerio de Economía y Competitividad, mediante el proyecto DEP2011-14333-E, dentro de las ayudas para la realización de proyectos de investigación, subprograma de Acciones Complementarias a Proyectos de Investigación Fundamental no Orientada, dentro del Programa Nacional de Proyectos de Investigación Fundamental, en el marco del VI Plan Nacional de Investigación Científica, Desarrollo e Innovación Tecnológica 2008-2011

Este libro ha sido parcialmente financiado por la Fundación Jóvenes y Deporte de la Dirección General de Deportes del Gobierno de Extremadura

  GOBIERNO DE EXTREMADURA
Presidencia

Título: EL CAMINO HACIA LA EXCELENCIA EN EL BALONCESTO

Autores: ANTONIO ANTÚNEZ MEDINA Y SERGIO J. IBÁÑEZ GODOY (Coords.)

Editorial: WANCEULEN EDITORIAL DEPORTIVA, S.L.
c/ Cristo del Desamparo y Abandono, 56
41006 Sevilla (España).
Tfno.: 954656661 y 954920298
www.wanceulen.com   infoeditorial@wanceulen.com

I.S.B.N.:   978-84-9993-292-7

Dep. Legal: SE 4306-2012

©Copyright: WANCEULEN EDITORIAL DEPORTIVA, S.L.

Primera Edición: Año 2012

Impreso en España: Publidisa

Reservados todos los derechos. Queda prohibido reproducir, almacenar en sistemas de recuperación de la información y transmitir parte alguna de esta publicación, cualquiera que sea el medio empleado (electrónico, mecánico, fotocopia, impresión, grabación, etc), sin el permiso de los titulares de los derechos de propiedad intelectual. Cualquier forma de reproducción, distribución, comunicación pública o transformación de esta obra solo puede ser realizada con la autorización de sus titulares, salvo excepción prevista por la ley. Diríjase a CEDRO (Centro Español de Derechos Reprográficos, www.cedro.org) si necesita fotocopiar o escanear algún fragmento de esta obra.

ÍNDICE

Prólogo 7
Pedro Sáenz-López Buñuel.

1. En busca de la excelencia encontrada. 11
   Antonio Antúnez Medina.

2. Pasado, presente y futuro del Congreso Ibérico de Baloncesto. 17
   Sergio José Ibáñez Godoy.

3. ¿Existen formas diferentes de plantear la detección y el desarrollo
   del talento en baloncesto? 43
   Alberto Lorenzo Calvo y Sergio Jiménez Saiz.

4. Análisis visual del tiempo-movimiento en el baloncesto 61
   Roberto Therón y Laura Casares.

5. El baloncesto, un deporte genuinamente americano 81
   Conrad Vilanou Torrano.

6. Motivational climate, self-determination and cooperation in youth
   basketball players: and analysis with bayesian networks 117
   *Alexandre García, Pilar Fuster, Pere Palou, Xavier Ponseti y Jaume
   Cantallops.*

7. Modificaciones reglamentarias en baloncesto de formación:
   un nuevo equipamiento, una nueva perspectiva 135
   Enrique Ortega Toro, Francisco Alarcón López y María Isabel Piñar López.

8. Los factores situacionales y el rendimiento en baloncesto 161
   Miguel Ángel Gómez Ruano.

9. Qué nos aporta la NBA después del "lock out" 185
   Julio Calleja González.

PRÓLOGO

Una misma carretera une la Universidad de Duke y la sede principal de la Universidad de Carolina del Norte: Chapel Hill, donde jugó Michael Jordan. Dos de las más laureadas y conocidas Universidades en el campeonato de baloncesto de la NCAA están a escasamente 8 millas de distancia. Hace dos años tuve la apasionante oportunidad de recorrer esta carretera y las instalaciones de ambas universidades en una estancia que realicé en otra sede de la Universidad de Carolina del Norte: Greensboro (UNCG). Además de esta emotiva experiencia, viví muchas otras impresionantes para los amantes del baloncesto. Allí, este deporte se respira por la calle, hay canastas en casi todos los parques, en los YMCAs y, por supuesto, en la Universidad. Mi contacto, el profesor Tom Martinek, fue campeón de la NCAA con Chicago, jugando con Phil Jackson. En su despacho, tenía su foto para asombro de sus estudiantes y desde luego para el mío. Con sus más de 60 años, este ejemplar docente organiza y participa partidos en uno de los pabellones de la Universidad tres días a la semana, en los que profesorado, alumnado y personal de administración estaban invitados a jugar. Fue una experiencia única vivir desde dentro la pasión y el nivel baloncestístico de aquél entorno.

El baloncesto es, para mí, un maravilloso deporte que está viviendo en España el momento más exitoso de su historia gracias, especialmente, a la selección nacional que está llevando el baloncesto a un nivel de popularidad cada vez mayor. La pasada temporada, en la ACB se batió el record de espectadores a los partidos (más de 6000 de media), así como de audiencia en la final (más de 2 millones). En los Juegos Olímpicos, la final ha sido el partido de baloncesto más visto en nuestro país con más de 5 millones de espectadores. El baloncesto es el tercer deporte con más fichas federativas tras el fútbol y la caza (CSD, 2008). Buenos datos.

Las causas de los éxitos deportivos del baloncesto en España son, lógicamente, multifactoriales. En mi opinión, un factor muy importante en los últimos 30 años ha sido la incursión del baloncesto como una asignatura del curriculum en titulaciones universitarias. Lolo Sainz impartió esta materia en el INEF de Madrid durante muchos años. Posteriormente, en el año 1983 nace la asignatura en Granada de la mano de Daniel Pintor. Este maestro, el docente que más impactó en mi formación, traía unas ideas que hoy son asumidas por la mayoría de entrenadores y expertos en baloncesto, y que en aquella década eran absolutamente innovadoras. Abordar la formación del jugador de baloncesto, incidiendo en su capacidad de tomar decisiones, en fomentar su protagonismo en el proceso de enseñanza-aprendizaje, o diseñar tareas basándose en las situaciones reales de juego, son algunos ejemplos de aspectos metodológicos que la enseñanza del baloncesto ha ido asumiendo progresivamente, gracias, en mi opinión, al nivel académico que ha ido mostrando esta asignatura en distintas universidades. Mi percepción es que las nuevas generaciones de docentes universitarios están generando resultados muy interesantes y útiles a través de las crecientes investigaciones que se están desarrollando alrededor del baloncesto en España y los entrenadores cada vez son más receptivos, e incluso en algún caso participan de estos estudios. Daniel, Sergio, David, Alberto, Javier Sampedro, Quique, Maribel, Concha, Maite, Raúl, Luis Mari, Julio, Mauro y un largo etcétera de nombres propios llevan años estudiando el fenómeno del baloncesto desde diferentes perspectivas y tópicos, aunque siempre con rigurosidad metodológica, generando un corpus de conocimiento enorme. ¿Supone esto la generación de una Ciencia? En mi opinión, hay pocas dudas. El baloncesto ha obtenido suficiente conocimiento a través de investigaciones rigurosas. Y si alguien tiene alguna duda, que se asome al CIB.

El Congreso Ibérico de Baloncesto nace en el año 2001 con un montón de buenas intenciones que se han ido cumpliendo y superando a lo largo de las 6 ediciones. Su creador e impulsor, Sergio Ibáñez, ha sido un visionario cuando se planteó organizar este evento. Sergio, primer catedrático de baloncesto en España, ha sabido dotar a este Congreso de unas características únicas y formidables para representar el presente y futuro del baloncesto ibérico.

Comenzaría por el carácter científico al que todo Congreso se le presupone. El CIB ha ido aumentando en cantidad y calidad los trabajos presentados, fruto de investigaciones, muchas de ellas financiadas en convocatorias autonómicas o nacionales. Me parece una estrategia muy inteligente y poco común en nuestra área contar con la colaboración de prestigiosas revistas para que publiquen las mejores comunicaciones. Cuadernos de psicología del deporte y particularmente, la Revista de

Psicología del Deporte, indexada en el Social Science Citation Index, es un atractivo y una oportunidad para que el baloncesto siga creciendo como Ciencia.

A esta fortaleza científica, le añadiría la brillante idea de presentar las tesis relacionadas con el baloncesto que, por cierto, en cada edición son más y de mayor calidad. Me consta que en el presente congreso ha habido tesis que se han quedado fuera del programa. *Excelentes* noticia para la calidad y la constatación del aumento de trabajos de investigación en esta Ciencia.

Otra de las fortalezas del CIB es, como su nombre indica, la colaboración con Portugal. Muchos españoles hemos descubierto, a través de estos Congresos, investigaciones de enorme nivel que se están realizando los docentes en nuestro país vecino.

Especialmente relevante es la unión que edición tras edición ha habido en el CIB entre la visión del baloncesto federativo y la visión del baloncesto en la Universidad. Enorme acierto invitar a diversos seleccionadores y entrenadores de ACB, así como que entre los asistentes se mezclen el alumnado universitario con entrenadores de baloncesto. Esta imparable simbiosis garantizará, en mi opinión, que el baloncesto español continúe creciendo en todos los sentidos, como reflexionaba al principio del prólogo.

En esta sexta edición del CIB se presentan comunicaciones libres de un gran nivel en torno a temáticas de enorme interés como la formación de los jóvenes jugadores, la formación del entrenador, el análisis de juego y de la competición, etc. Asimismo, se han incluido ponencias a cargo de prestigiosos investigadores y entrenadores con temáticas de gran actualidad como el desarrollo de jugadores y entrenadores con talento, motivación o la influencia de diversos factores en la formación y el rendimiento en baloncesto.

El futuro del baloncesto es esperanzador. El cada vez mayor nivel científico mostrado en los CIB supone un constante feedback de las canchas a los "laboratorios" y de éstos a las canchas que irán formando cada vez mejores jugadores, mejores entrenadores, mejores gestores y mejores personas. Me atrevo a proponer que se fomenten especialmente dos líneas de trabajo para el futuro. Por una parte, el baloncesto recreativo. He comentado al principio cómo se vive este deporte en USA este deporte que mucha gente practica en parques e instalaciones deportivas sin estar federado. En España el nivel de baloncesto recreativo es bajo. De hecho, pasa de ser el 3º deporte federado al 8º en cuanto a práctica recreativa (CSD, 2005). Todos tenemos mucho que hacer en este campo, desde los colegios e institutos, hasta los clubes de elite pasando por las Universidades, por supuesto. El segundo reto que planteo es el de la educación emocional en el baloncesto. Como afirma Punset, estamos en el siglo de las emociones. Cada vez más médicos, psicólogos y educadores estudian y escriben al respecto. En el campo deportivo se están haciendo las primeras incursiones y estoy convencido que en los próximos CIB, este tópico irá siendo cada vez más relevante.

De momento, os invito a disfrutar de las aportaciones tan relevantes de esta sexta edición del Congreso Ibérico de Baloncesto.

Pedro Sáenz-López Buñuel

Catedrático de la Universidad de Huelva

EN BUSCA DE LA *EXCELENCIA* ENCONTRADA

Dr. Antonio Antúnez Medina
Facultad de Ciencias del Deporte
Universidad de Extremadura

Cuando tenemos la posibilidad de acceder a los conocimientos adquiridos por la experiencia y la práctica, y los aprendidos por el estudio y la reflexión, se produce el estímulo necesario para indagar en aquello que nos parece realmente relevante. El deporte está inmerso en un proceso en continua evolución, y las exigencias de los altos niveles de rendimiento, han llevado a éste a la consideración de una ciencia de carácter multidisciplinar, en el que se integran profesionales especializados en diferentes ramas científicas, permitiendo que el deporte de alto nivel se marque cotas cada vez más difíciles de superar (Moreno, 2004). A esas cotas máximas llegan sólo unos pocos *elegidos* o con la ayuda de éstos. En el Alto Rendimiento Deportivo la búsqueda de la *excelencia* se ha convertido en una acción de rastreo continuo por parte de los entrenadores y responsables técnicos de deportistas de cualquier disciplina.

Desde un punto de vista etimológico, la palabra *Excelencia* proviene del latín excellens-tis, "sobresaliente". Expresa una cualidad en el más alto grado, que sobresale sobre la media, nivel máximo de *excelentes*. Cuando designamos algo más elevado que bueno lo denominamos mejor, y cuando nos referimos a lo que está por encima de lo mejor lo categorizamos como *excelentes*. En el mundo del deporte, Ruíz y Sánchez (1997) definen este concepto como "la competencia para alcanzar las metas establecidas mediante el empleo de unos recursos específicos". En nuestro contexto, la destreza, los objetivos y los recursos estarían representados en el nivel superior.

Para García Manso, Campos, Lizaur y Abella (2003), el talento indica una aptitud acentuada hacia una faceta de la vida, superior a la media normal, y que aún no está del todo desarrollada. En el deporte, a partir de su detección, se captan a los más aptos, se les somete a entrenamientos especializados con el fin de forjar campeones deportivos. En este sentido, los grandes clubes e instituciones deportivas invierten grandes cantidades de recursos económicos en programas de talentos y captación temprana que les permitan descubrir y estimar jóvenes valores que, con la contribución de la herencia genética y/o el entrenamiento y el aprendizaje, y con una pericia relativa (Singer y Jannelle, 1999) puedan desarrollarse en su ámbito de actuación hasta poder llegar a conseguir ser deportistas expertos. Este es, a grandes rasgos, el proceso controlado para que un deportista pueda llegar a convertirse en *excelente* en un deporte concreto.

Según Ruiz, L.M., Sánchez, M., Durán, J.P. y Jiménez, C. (2006) los deportistas *excelentes* suelen: 1) ser más sensibles al reconocimiento de los patrones de juego de su deporte, y solucionan de forma rápida los problemas de juego; 2) detectan y localizan mejor las informaciones relevantes de su deporte; 3) conocen mejor, y anticipan mejor, las acciones de sus oponentes, de los objetos o de las situaciones; 4) manifiestan unas estrategias más elaboradas de búsqueda visual; 5) son planificadores oportunistas; 6) poseen refinadas habilidades de autocontrol y un mayor conocimiento metacognitivo. A tenor de estos factores, en deportes individuales podemos identificar fácilmente deportistas que se adaptan perfectamente en este molde: Rafa Nadal, Miguel Induráin o Fernando Alonso por citar magníficos deportistas españoles. En los deportes de equipo también podemos encontrar perfiles que encajan en este modelo igualmente reconocibles (Manel Estiarte en Waterpolo, Rafa Pascual en Voleibol o David Barrufet en Balonmano).

Si en nuestro deporte nos dicen relacionar la palabra baloncesto y *excelencia*, de forma instintiva nos viene la imagen de Michael Jordan. Es más, para facilitar su comprensión nos podemos remitir al último minuto del último partido de las series finales de 1999 en donde los Bulls de Chicago consiguieron su sexto anillo como campeones de la NBA ante los Utah Jazz. En esa secuencia se resume el concepto en prácticamente todas las facetas del juego.

Por otra parte, sería justo apreciar que la palabra *excelencia* adquiere una dimensión mayor en deportes o deportistas de equipo, sin menospreciar en absoluto la enorme exigencia de un deportista o deporte individual. Para más signos, acabamos de ser testigos, en los Juegos Olímpicos de Londres, de la manifestación de la *excelencia* de dos deportistas en sendas actividades individuales: Usain Bolt en atletismo y Michael Phelps en natación. Sus habilidades y capacidades técnicas, físicas y psicológicas, propias de sus disciplinas han quedado magnificadas en las demostraciones de ambos deportistas.

Sin embargo en los deportes colectivos existen una serie de condicionantes diferenciadores que aplicados al juego determinan una gran complejidad. Ningún deporte de equipo tiene el mismo nivel de complejidad, que viene identificado por la variabilidad que puede llegar a alcanzar para reducir la incertidumbre del juego (Martín y Lago, 2005). A los factores antes mencionados en deportes individuales añadiríamos la capacidad técnico-táctica o aplicación de las habilidades de juego en situaciones de competición, y las cualidades psicosociales como elementos esenciales en un deporte asociativo.

Esto implica que en un equipo nos podemos encontrar con la participación de un jugador o varios jugadores con la significación de *excelente*s, desde un prisma individual, al igual que podemos encontrar esa *excelencia* en la unión de esfuerzos: en el colectivo. La armonía, el equilibrio entre las diferentes fases del juego, la capacidad de conseguir los objetivos del mismo a través de la comunicación grupal, etc.

Concretando, y a modo de ejemplo, sugerimos la sobresaliente aportación individual de *excelente*s jugadores de baloncesto a equipos de los que formaron parte como Nikos Gallis en la Selección Griega y en el Aris de Salónica de finales de los 80 y principios de los 90; Oscar Schmidt en la Selección Brasileña durante tres décadas (más de 350 partidos, cerca de 8.000 puntos anotados y cinco Juegos Olímpicos disputados); el alemán Dirk Nowitzki en su Selección y como líder de los Dallas Mavericks en la NBA (anillo y MVP en la temporada 2010-11), así hasta un largo etcétera.

Existen prototipos de jugadores *excelentes* dentro de colectivos con esa misma distinción. Dracen Petrovic, además de liderar grandes equipos, formó parte de una *excelente* generación de jugadores balcánicos como Radja,

Kukok, Perasovic, Divac, Djorjevic, Sveticanin, Cutura, Paspalj, etc., que impresionaron al mundo del baloncesto a finales de los 80 y principios de los 90 (Oro en Eurobasquet y Mundial, y Plata en Juegos Olímpicos) con la extinta Selección de Yugoslavia y la Selección de Croacia.

Esa misma generación se cruzó en el camino de la mayor constelación de jugadores *excelente*s que haya podido ver sobre una cancha de baloncesto y jugando al más alto nivel. La selección USA que gano el Oro de los Juegos Olímpicos de Barcelona en 1992, el Dream Team de Charles Barckley, Magic Johnson, Larry Bird, Isiah Thomas,…así hasta el propio Michael Jordan. Esto fue posible gracias a la liberalización del profesionalismo en por parte del COI, lo que provocó que fuera posible hacer una selección de los jugadores franquicia más importantes de la NBA. En esa selección están algunos de los mejores jugadores de la liga profesional americana de toda su historia.

No podemos pasar por alto que el baloncesto español tiene en sus anales grandísimos jugadores que integraron grandes equipos y combinados nacionales. De todos ellos cabe destacar la gesta del Equipo Olímpico masculino, Plata en los Juegos Olímpicos de Los Ángeles en 1984. Epi, Fernando Martín, Corbalán, Margall, Andrés Jiménez, etc., formaron parte de una talentosa y *excelente* hornada de jugadores que, sin duda, fueron precursores de lo que es y significa actualmente el baloncesto en nuestro país. En los últimos años hemos podido asistir a la eclosión en España de la denominada Generación de Oro de nuestro baloncesto, en donde tenemos a dos jugadores *excelsos* como Pau Gasol y Juan Carlos Navarro. La presencia de ambos más la magnífica aportación del resto de esta sobresaliente remesa de jugadores como Carlos Jiménez, Felipe Reyes, José Manuel Calderón, Ricky Rubio, Rudy Fernández, Marc Gasol, Sergio Rodríguez, Jorge Gargajosa, etc. ha supuesto la producción de jugadores más importante de nuestro baloncesto en su historia. A título personal, creo poder afirmar que cualquiera estaría de acuerdo con la apreciación de que al margen de este grupo de *excelencia*s, el Combinado Nacional alcanzo, como equipo, esa misma categoría en el Mundial de 2006 con la consecución del Título de

Campeones del Mundo apelando a un rendimiento supremo en todas las facetas que inciden en la preparación de un colectivo y en la competición.

Muchos son los factores en los que un jugador de baloncesto puede ser *excelente*: como reboteador (Reyes), anotador (Navarro), defensor (Llull), director de juego (Calderón), taponador (Ibaka) e incluso en varios de ellos (Gasol). Podemos aplicar la misma fórmula desde un punto de vista colectivo. Un equipo puede caracterizarse porque esa *excelencia* vaya asociada a una faceta del juego: al ataque, al contraataque, al control del juego, a la defensa etc. Podríamos igualmente conjugar varios de estos factores en un mismo equipo (Selección Española en el Mundial de Japón de 2006).

En estos niveles, y siempre buscando el máximo rendimiento, los entrenadores de baloncesto buscan, en su contexto, esos aspectos en los que a través de los jugadores individualmente, y del equipo en el colectivo, alcanzar ese estatus de superioridad que les permita optar a lograr grandes objetivos. Conseguir esto en baloncesto presenta una enorme dificultad. En esta línea Phil Jackson en su libro Canastas Sagradas expresó:

"Esta es la lucha a la que todo líder se enfrenta: cómo conseguir que los miembros del equipo, que están movidos por la conquista individual de la gloria, se den ellos mismos, de todo corazón, al esfuerzo de equipo." (Jackson y Delehantry, 1995, p. 100).

Actualmente los niveles de rendimiento son cada vez más elevados y complejos lo que obliga a una metódica y minuciosa planificación del trabajo (García Manso et al. 2003). Así pues, no podemos dejar pasar que para adquirir esa *excelencia* es importante conseguir que el grado de preparación del deportista este al mismo nivel de exigencia. Esa responsabilidad conlleva la necesidad de disponer de infraestructuras que garanticen adecuados equipos de especialistas y medios de trabajo que permitan obtener las máximas metas deportivas. Por tanto, será imprescindible un buen funcionamiento del entorno vital y del entorno de entrenamiento (Sánchez, 1994).

Desde esta perspectiva global situamos el libro que se presenta y que tiene como fundamento ayudar a encontrar claves que permitan facilitar la labor del entrenador de buscar la *excelencia* a través de conceptos, revisiones, trabajos de investigación, reflexiones, etc. por parte de un magnifico grupo de especialistas en diferentes ámbitos del Baloncesto. Aprovechamos estas líneas para agradecer enormemente su colaboración y participación y por tanto su contribución para incrementar el nivel de nuestro deporte.

BIBLIOGRAFÍA.

García Manso, J. M., Campos, J., Lizaur, P. y Abella, C. P. (2003). *El talento deportivo. Formación de élites deportivas.* Madrid: Gymnos.
Jackson, P. y Delehanty, H (1995). *Canastas Sagradas.* Barcelona: E. Paidotribo.
Martín, R. y Lago, C. (2005). *Deportes de equipo. Comprender la complejidad para elevar el rendimiento.* Barcelona: Inde.
Moreno, F. (2004). *Balonmano. Detección, Selección y Rendimiento de Talentos.* Madrid: Gymnos
Ruíz, L. M. y Sánchez, F. (1997). *Rendimiento deportivo. Claves para la optimización de los aprendizajes.* Madrid: Gymnos.
Ruiz, L.M., Sánchez, M., Durán, J.P. y Jiménez, C. (2006). Los expertos en el deporte: Su estudio y análisis desde una perspectiva psicológica. Anales de Psicología, 22 (1), 132-142.
Sánchez, F. (1994). *Bases para una Didáctica de la Educación física y los deportes.* Madrid: Gymnos
Singer, R. N., y Janelle, C. M. (1999). Determining sport expertise: From genes to supremes. International Journal of Sport Psychology, 30, 117-150.

PASADO, PRESENTE Y FUTURO DEL CONGRESO IBÉRICO DE BALONCESTO

Dr. Sergio José Ibáñez Godoy
Facultad de Ciencias del Deporte
Universidad de Extremadura

EL ORIGEN

El deporte se ha consolidado como uno de los contenidos curriculares básicos en la formación de los egresados en Ciencias de la Actividad Física y del Deporte, tal y como queda reflejado en los nuevos planes de estudio de esta titulación tras su adaptación al Espacio Europeo de Educación Superior. Igualmente, en España se mantiene como uno de los contenidos curriculares que los estudiantes de secundaria y primaria deben desarrollar en sus clases de educación física. Los procesos de enseñanza-aprendizaje que se realizan en las universidades para desarrollar esta materia del plan de estudios deben tener en cuenta los contenidos que se han ido adquiriendo sobre la base de la experiencia práctica y el desarrollo profesional, así como los conocimientos que se obtienen a partir de las investigaciones aplicadas que tienen por objeto de estudio este deporte o la práctica deportiva en general. El equilibrio en la formación de los especialistas en Baloncesto entre estas dos grandes fuentes de conocimiento permitirá una evolución y mejora en la propia práctica deportiva.

El interés por el análisis científico del deporte del Baloncesto, el incremento de la actividad científica que tiene como objeto directo o indirecto el Baloncesto, la necesidad de compartir y difundir los resultados de las investigaciones realizadas y el deseo de acercamiento y relación permanente entre el mundo académico y el contexto práctico estuvieron presentes en la génesis del Congreso Ibérico de Baloncesto en el año 2001. Este Congreso pretendía complementar la oferta formativa que reciben los especialistas en Baloncesto, tanto desde el contexto profesional auspiciados por la Federación

Española de Baloncesto, por la Asociación Española de Entrenadores de Baloncesto y Asociaciones de Entrenadores Autonómicas, como por el contexto académico, mediante la formación reglada que ofrecen las Universidades y los Centros de Formación Profesional. Al ser el objeto de estudio el deporte del Baloncesto, el congreso tiene un enfoque transversal, pues esta modalidad deportiva puede ser analizada desde diversas perspectivas, con diferentes metodologías y desde varias áreas de conocimiento. La riqueza y el elemento diferenciador respecto a otros congresos generalistas es que todos los que pretenden conocer algo más sobre este deporte lo pueden conseguir en un mismo evento, en el que se conjuga la teoría con la práctica, la academia con la experiencia.

Como todo ser vivo el Congreso Ibérico de Baloncesto (CIB) ha evolucionado desde su nacimiento. Manteniendo sus señas de identidad, la estructura organizativa del congreso ha evolucionado desde su primera edición en la que sólo se realizaron Ponencias Invitadas y Comunicaciones Libres, hasta su sexta edición en la que consolidadas estos elementos de su estructura, se incluyen las sesiones de divulgación científica de los resultados de investigación, mediante la presentación de las últimas Tesis Doctorales defendidas, y Mesas Redondas con la participación de reconocidos profesionales del contexto del Baloncesto.

Consolidada ya la estructura organizativa del Congreso Ibérico de Baloncesto se puede afirmar que en su organización se ha pretendido mantener el equilibrio entre la academia y la práctica buscando la transferencia y el intercambio mutuo de conocimientos y experiencias, por ello se mantiene una estructura que gira en torno a estas cuatro actividades: Ponencias Invitadas, Simposios o Mesas Redondas de Profesionales, Comunicaciones Libres, y Tesis Doctorales.

En las cinco ediciones celebradas hasta la actualidad se han desarrollado un total de 60 Ponencias invitadas y 9 Simposios o Mesas Redondas. Estas actividades han pretendido, desde la perspectiva científica (Ponencias Invitadas) y desde una perspectiva profesional (Mesas Redondas), exponer y tratar diferentes problemáticas propias del deporte del Baloncesto. En algunos casos nuevas situaciones, nuevos problemas, pero principalmente estas dos primeras actividades se han centrado en problemas clásicos, frecuentes, que tanto los científicos como los entrenadores están habituados a tratar. Estas ponencias y mesas han permitido analizar los problemas que afectan a este deporte desde diferentes perspectivas, consolidar nuevos planteamientos, reflexionar nuevas situaciones, etc.

Pero, como en toda comunidad científica o profesional, la opinión de los expertos no sólo es la única que se debe tener en consideración. Por ello, en este foro de encuentro y debate se permite que los profesionales, los investigadores y la comunidad en general presenten sus trabajos, sus experiencias y los resultados de su investigación. Así, en la estructura actual del congreso también se han incluido sesiones específicas de comunicaciones libres y de divulgación científica de las Tesis Doctorales sobre Baloncesto. En este sentido, los contenidos del Congreso se han enriquecido, pues se han tratado temas nuevos, problemáticas por explorar y situaciones muy actuales. En definitiva, las comunicaciones libres y las Tesis han permitido estar al día, conocer los nuevos avances, conocer los nuevos problemas y sus respectivas soluciones, etc.

En este sentido indicar que el campo de estudio de las ciencias de la actividad física y del deporte en general, y del Baloncesto en particular ha experimentado un incremento muy significativo en las dos últimas décadas, no sólo se ha producido un incremento enorme en el número de artículos de investigación que tienen por objeto de estudio este tema, sino también en las Tesis Doctorales realizadas, en los congresos organizados, e incluso en la publicación de revistas científicas (Kirk, 2010).

Dentro del entorno científico en general (Belinchon, Boada, García de Andrés, Fuentes y Posada, 2010) de las ciencias del deporte (Fernández, Delgado, Ortega, y Pérez, 2008; Olmedilla, Ortega, Garcés de los Fayos, Jara y Ortín, 2009), y del Baloncesto en particular (Fernández, 2005a, b), los autores indican que analizar y observar cómo se encuentra la disciplina en la que los investigadores trabajan es un ejercicio necesario, sobre todo si se quiere consolidar los conocimientos que ya tienen un desarrollo específico, así como, si se desea incluir en el cuerpo de conocimientos, nuevos constructos y teorías que ayuden a conocer mejor los diferentes ámbitos de una ciencia. En este sentido, el estudio bibliométrico de Tesis Doctorales y actas de congresos es de elevado interés.

Tradicionalmente los resultados de las investigaciones en general y de las Tesis Doctorales en particular son presentados por los autores en los foros científicos especializados en el formato de comunicaciones libres. El Congreso Ibérico de Baloncesto ha sido pionero en la estructura organizativa del mismo y desde su IV edición (2007) incluye una sección específica de divulgación científica de la investigación en la que los autores de una Tesis Doctoral relacionada con el deporte del Baloncesto presentan su trabajo previa invitación del Comité Organizador. Al estar ya presentes dentro de la estructura del Congreso esta actividad científica, así como por la tradición y evolución de este evento, es conveniente realizar un primer análisis con un enfoque bibliométrico de estos dos indicadores (comunicaciones libres y Tesis). Con este estudio podemos conocer como ha sido nuestro pasado.

Análisis bibliométrico de las Tesis Doctorales sobre Baloncesto.

Actualmente se sabe que el papel que está jugando la producción científica en el seno de la sociedad es cada vez más valorado, de ahí que una gran parte de las instituciones (públicas y privadas) contemplen el apoyo de políticas para la potenciación y consolidación de grupos de investigación, así como de áreas de investigación emergentes (Olmedilla, Ortega, Garcés de los Fayos, Jara & Ortín, 2009). Dentro de esta política de ayudas, se encuentra una línea muy bien definida, cuyo objeto es la formación de jóvenes investigadores y la realización de Tesis Doctorales.

Según la legislación vigente por la que se establece la estructura de las enseñanzas universitarias y se regulan los estudios universitarios de postgrado (Real Decreto 1393/2007, de 30 de Octubre, y Real Decreto 861/2010 de 2 de Julio), y tal como recoge Moyano, Delgado y Buela-Casal (2006), se puede definir Tesis Doctoral como trabajo original de investigación relacionado con los campos científicos, técnico, humanístico o artístico del programa de Postgrado.

La producción de Tesis Doctorales es uno de los indicadores principales para la evaluación de la aportación de un área científica en general, y de la formación de investigadores en particular (Escolar, Medina, Montilla, Jimeno, Oliveira & Lillo, 2010). De igual modo, es uno de los indicadores principales para el diseño de ranking de investigadores, universidades, departamentos, etc. (Abellán y Sánchez, 2010; Buela-Casal, 2005). En este sentido, multitud de investigadores indican que las Tesis Doctorales deberían constituirse como la base principal para la ampliación del conocimiento científico, pues además de constituirse en un requisito para obtener el máximo grado académico, en muchos casos aportan resultados científicos relevantes (Agudelo, Bretón, Poveda, Teva, Valor y Vico, 2003; Agudelo, Bretón, Ortíz, Poveda, Teva, Valor y Vico, 2003; Bueno y Delgado, 2010; Civera y Tortosa, 2001; Ortiz-Recio, Poveda, Teva, Valor y Vico, 2003; Polaino, 2002). En concreto, algunos autores llegan a matizar que realizar una Tesis Doctoral tiene que ver con la adopción de una postura de los investigadores, puesto que lo que se pone en juego es el crecimiento y el desarrollo de la disciplina científica (Agudelo, Bretón, Poveda et al., 2003, p.567). En este sentido, todos estos autores concluyen que las Tesis Doctorales constituyen una de las vías a través de las que se puede apreciar la investigación relacionada con dicha disciplina científica.

El objetivo del presente apartado ha sido analizar la productividad científica relacionada con el estudio del deporte del Baloncesto, desde la perspectiva del análisis de las Tesis Doctorales. Para ello se ha realizado un estudio mediante el análisis de documentos (Montero y León, 2007) y se ha utilizado la Base de Datos Teseo (Tesis Españolas Ordenadas, https://www.educacion.gob.es/teseo).

La evolución en la realización de Tesis Doctorales en España relacionadas con las Ciencias del Deporte mantiene una tendencia ascendente en los últimos años (Valenciano, 2010). Este hecho puede que esté fundamentado por un lado en el incremento de centros universitarios que imparten estos estudios y la necesidad del profesorado que trabaja en ellos de tener una cualificación académica acorde al nivel educativo en el que trabajan, así como a la consolidación de los programas de doctorado específicos de este ámbito de conocimiento, y por otro, por el interés y demanda general de la sociedad por la actividad física y el deporte en general, que lleva a realizar investigación en este ámbito desde diversas áreas de conocimiento.

La base de datos TESEO, del Ministerio de Educación, Cultura y Deporte, recoge en el mes de julio de 2012 un total de 48 Tesis Doctorales en las cuales se recoge en el título la palabra "Baloncesto". Se puede apreciar que este número se incrementa a 97 si se incluye en la búsqueda el campo resumen, y a 99 si en la búsqueda se incluyen los dos campos, título y resumen. Debido al retraso que va desde que una Tesis es defendida, hasta que es catalogada en la base de datos TESEO (cinco meses, aproximadamente), en los datos que se presentan a continuación se han incluido 5 Tesis defendidas que aun no han sido catalogadas en TESEO. De igual forma, se han eliminado aquellas Tesis en las que aparecía la palabra Baloncesto, pero utilizándola no como objeto de estudio, sino como ejemplo, o referencia. Finalmente se han detectado un total de 75 Tesis Doctorales en las que se ha analizado el deporte del Baloncesto.

En el gráfico 1 se aprecia la evolución de estos trabajos a lo largo de las últimas décadas. En concreto, se aprecia una ligera tendencia ascendente, así como que desde 1996 hasta la actualidad ha existido continuidad en la elaboración de este tipo de trabajos, pues al menos se ha defendido una Tesis Doctoral sobre Baloncesto al año.

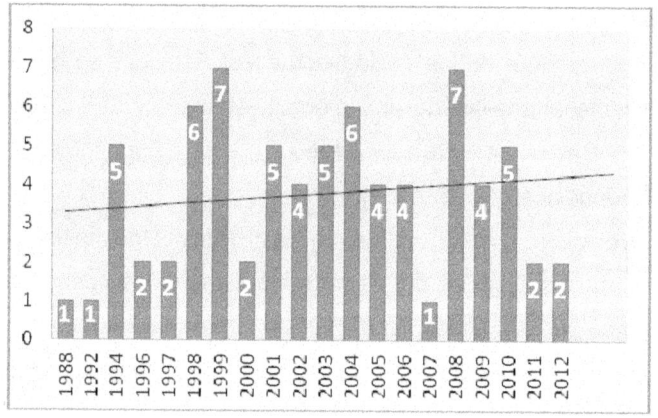

Gráfico 1. Evolución de las Tesis Doctorales sobre Baloncesto por año

La realización y defensa de una Tesis Doctoral se efectúa dentro de los programa de doctorado de las Universidades. En el gráfico 2 se muestran las universidades más productivas en este campo. Es necesario indicar que se ha defendido Tesis Doctorales relacionadas con el deporte del Baloncesto en al menos 25 universidades distintas, apreciándose que todas ellas han sido universidades públicas. Destaca la Universidad de Granada con 13 Tesis defendidas, seguida de la Universidad Politécnica de Madrid con 7 Tesis.

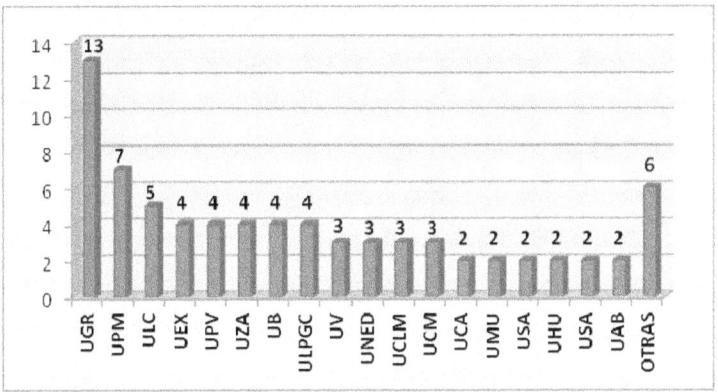

Gráfico 2. Número de Tesis Doctorales sobre Baloncesto por Universidad

El Baloncesto puede ser estudiado desde diversas **perspectivas** dentro de estos trabajos de investigación. Se ha realizado una primera clasificación para organizar estas Tesis Doctorales, dividiéndolas en dos grupos en función del objeto principal de la investigación. Se encuentra que el Baloncesto es el objeto principal de estudio en un 47% de los casos frente a un 53% en el que Baloncesto no es el principal objeto de estudio. En este segundo grupo de Tesis se aprecia que casi el 50% de los trabajos el Baloncesto es la muestra única de un trabajo de investigación o forma parte de una muestra de diferentes manifestaciones deportivas (26% y 27% respectivamente del total de la muestra) (Gráfico 3).

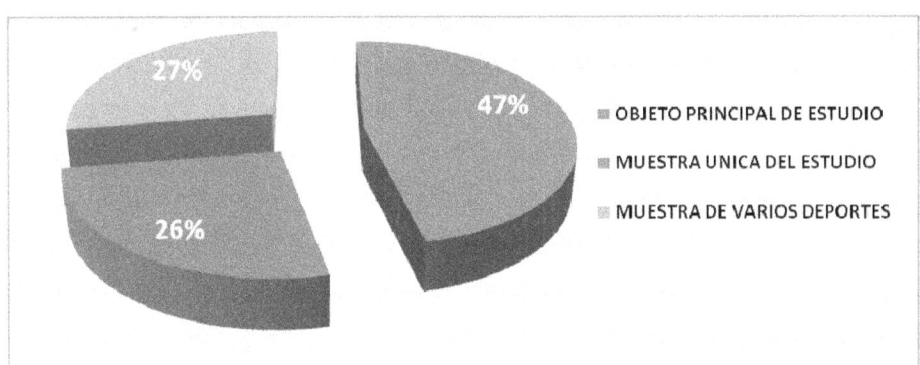

Gráfico 3. Tesis Doctorales sobre Baloncesto según objeto de estudio

Por otro lado, las Tesis Doctorales defendidas a lo largo de estos años se pueden agrupar en función de las distintas **áreas de investigación** existentes. Siguiendo los 11 campos científicos en los que se estructura la Comisión Nacional Evaluadora de la Actividad Investigadora (CNEAI) se aprecia en el gráfico 4 que son dos las áreas de investigación las que acogen la casi totalidad de las Tesis Doctorales, el área de Ciencias Sociales, Políticas, del Comportamiento y de la Educación (60%, n=45), y el área de Ciencias Biomédicas (33%, n=25). Es digno de mención que por las características del objeto de estudio, el deporte del Baloncesto, es difícil encontrar Tesis Doctorales que puedan realizarse y clasificarse dentro de algunas áreas de investigación, tales como Química, Biología Celular y Molecular, entre otras.

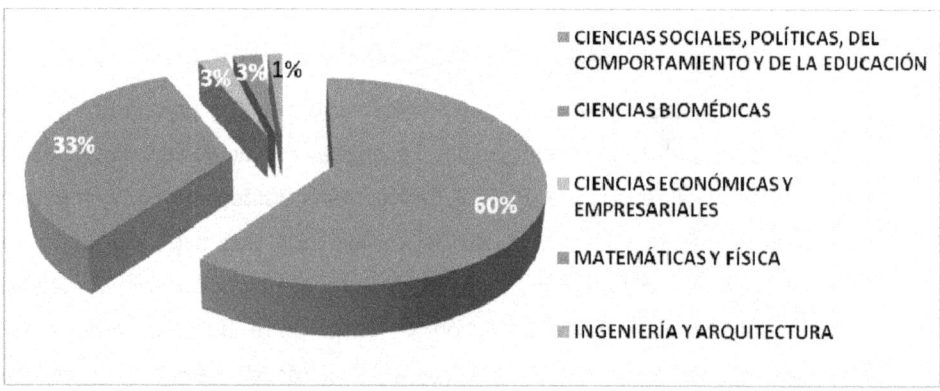

Gráfico 4. Clasificación de las Tesis Doctorales sobre Baloncesto según criterios de CNEAI

En esta clasificación de las Tesis Doctorales atendiendo a las áreas de investigación también puede emplearse los criterios de la UNESCO. En el gráfico 5 se presentan las grandes áreas de investigación. Es este caso, el criterio de clasificación permite afinar más en los grupos de trabajos, quedando patente que las Tesis agrupadas en el concepto de Ciencias de la Vida son las mayoritarias (32%, n=24), seguidas de las clasificadas en Pedagogía (25%, n=19) y Psicología (24%, n=18).

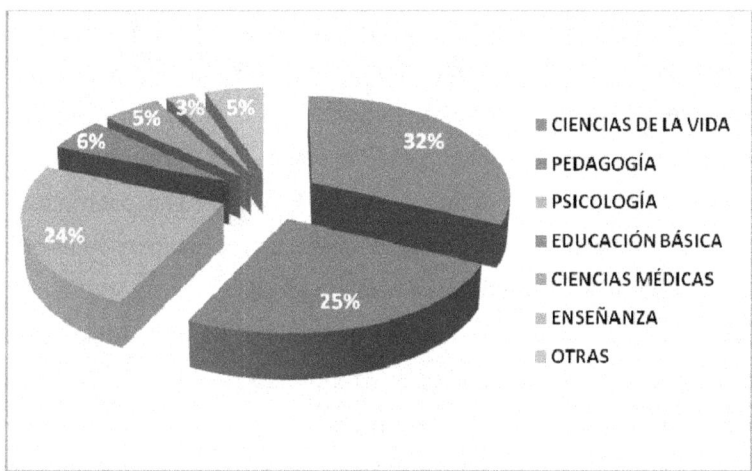

Gráfico 5. Clasificación de las Tesis Doctorales sobre Baloncesto según criterios de UNESCO

Se puede realizar una clasificación más específica al profundizar a partir de los criterios establecidos por la UNESCO y de la CNEAI. En el gráfico 6 se presentan las áreas de investigación más específicas en Baloncesto tras la fusión de los criterios anteriores.

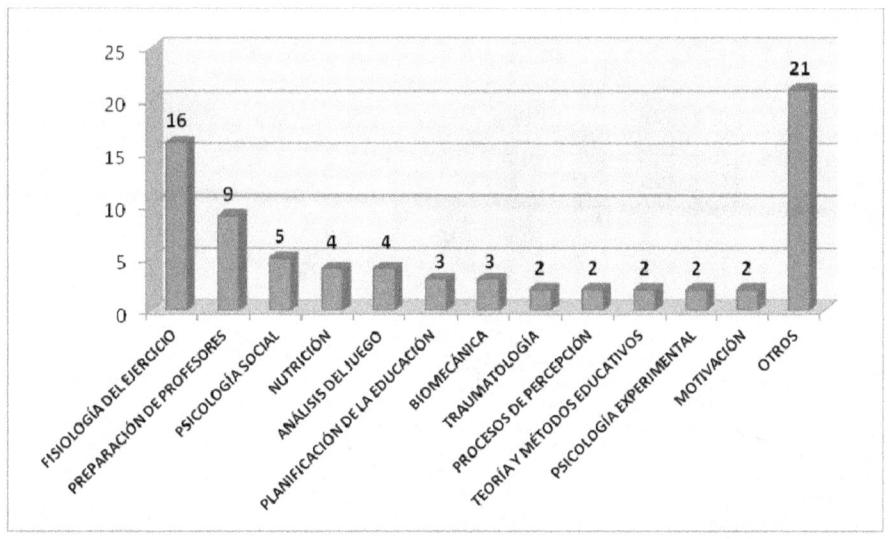

Gráfico 6. Número de Tesis Doctorales sobre Baloncesto según áreas específicas objeto de estudio

En todo los casos (gráficos 4, 5 y 6) se aprecia que la gran mayoría de Tesis Doctorales están relacionadas con dos grandes áreas: Ciencias Sociales; y Ciencias de la Vida. Casualmente son estas las mismas áreas en la que los profesores de universidad pueden ser acreditados por la Agencia Nacional de Evaluación de la Calidad y Acreditación (ANECA) en sus diferentes figuras como profesor universitario. En concreto, destacan los estudios de fisiología del deporte, y preparación de profesores y entrenadores.

Otra variable a considerar en el estudio de las Tesis Doctorales defendidas a lo largo de estos años es la **muestra de estudio**. En el gráfico 7 se observan los diferentes tipos de muestras objeto de estudio en las Tesis relacionadas con el deporte del Baloncesto. Se aprecia que mayoritariamente se realizan trabajos que estudian a deportistas jóvenes federados (30%, n=20), deportistas de alto rendimiento (25%, n=17), o deportistas adultos federados (22%, n=15). Paradójicamente, se aprecian muy pocos trabajos en los que los sujetos objeto de estudio sean escolares no federados (4%, n=3), si bien son multitud de autores los que consideran este colectivo como base principal para el desarrollo de la actividad física.

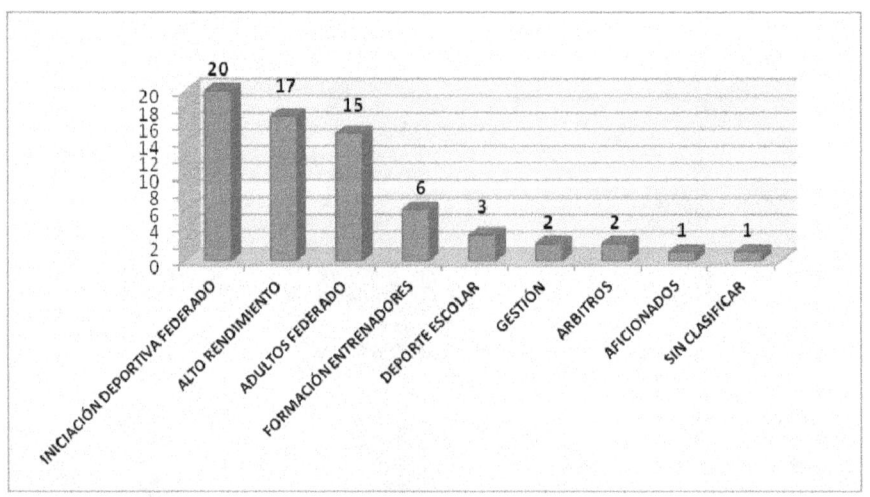

Gráfico 7. Número de Tesis Doctorales sobre Baloncesto según el tipo de muestra objeto de estudio.

Al profundizar en la muestra objeto de estudio, se observa la **distribución por sexo** de la muestra se aprecia que la mayoría de las Tesis se realizan con muestras de ambos sexos (47,69%), y que sólo el 38,46% de las investigaciones se realizan en muestras de sexo masculino, siendo escasos trabajos en los que el género sea exclusivamente femenino, 13,85%.

Un parámetro interesante en el estudio de las Tesis Doctorales defendidas a lo largo de estos años son los **instrumentos de recogida de datos**. En la tabla 1, se presentan el número de Tesis Doctorales que utilizan los distintos instrumentos. En ese sentido, cabe destacar que en 51 Tesis se utiliza un solo instrumento de registro de datos y en 24 Tesis se utiliza más de uno. Por otro lado, en la mayoría de Tesis Doctorales se utilizan cuestionarios, material experimental y hojas de observación (metodología observacional), apreciándose escasos trabajos en los que se realicen entrevistas.

Tabla 1. Número de Tesis Doctorales sobre Baloncesto según los instrumentos utilizados

Instrumentos de Registro de Datos	n
Cuestionario	32
Hoja de observación	24
Entrevista	8
Experimentales	20
Test físicos específicos	9
Indicadores de Rendimiento obtenidos del juego	3
Otros	1

Finalmente en el análisis de las Tesis Doctorales en el deporte del Baloncesto, en el gráfico 8 se muestra la distribución según el **planteamiento metodológico** (modificado de Hernández, Fernández y Baptista, 2006). En concreto, destacan los estudios con índole descriptiva de más de dos variables (23%, n=17) y relación entre ellas (correlacional) (58%, n=42). De igual modo, destaca el bajo número de trabajos en los que se manipula alguna variable independiente para percibir su incidencia sobre la dependiente (estudios experimentales o cuasi-experimentales) (18%, n=13).

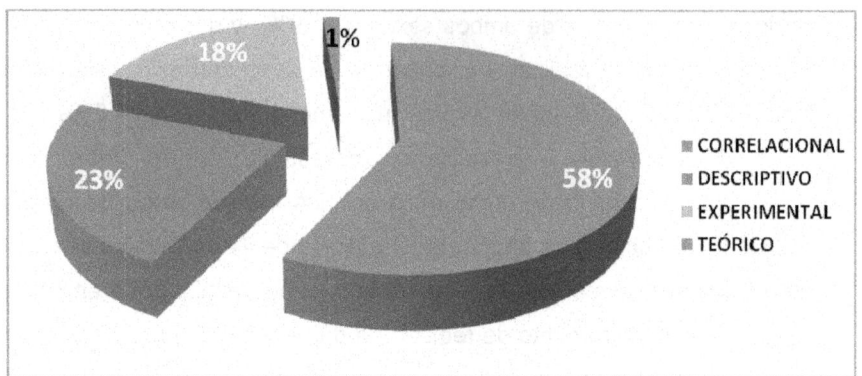

Gráfico 8. Número de Tesis Doctorales sobre Baloncesto según tipo de metodología de estudio

Análisis bibliométrico de los Congresos Ibéricos de Baloncesto

Otro medio que permite conocer el estado actual de la investigación en un área de conocimiento específica es el estudio bibliométrico de los libros de actas de congresos. En este sentido, existen multitud de propuestas dentro de las cuales, cabe destacar los estudios de libros de actas de Psicología del Deporte (Cantón y Sánchez-Gombau, 1999; García, Garcés de los Fayos y Jara, 2005; Olmedilla et al., 2009), y de Didáctica de la Expresión Corporal, (Pérez-Samaniego, 2007).

Dentro del deporte del Baloncesto, el interés por analizarlo de forma científica llevo a crear en el año 2001 el primer Congreso Ibérico de Baloncesto. Este congreso de celebración bienal, ha celebrado ya 5 ediciones, con sedes itinerantes. El reconocimiento de la trayectoria y de la calidad de los trabajos presentados en este congreso ha sido ratificado externamente, pues en las últimas ediciones se han publicado los mejores trabajos en revistas de grupos editoriales de prestigio internacional cuyas revistas están indexadas en las bases de datos ISI. En este sentido el primer paso se genera con el grupo editorial Ammons Scientific, mediante la creación de una sección dentro de su página web denominada Iberian Congress on Basketball Research en la que se publican los mejores trabajos presentados en la IV edición del año 2007. En la V edición, se llega a un acuerdo con la Revista de Psicología de Deporte para que los mejores trabajos del año 2009 sean publicados en un monográfico especial de esta revista. En este sentido cabe destacar que desde el año 2007, todas las comunicaciones han sido publicadas en español/portugués y en inglés.

En concreto, desde el primer congreso, hasta el último se ha podido recopilar y analizar un total de 202 comunicaciones científicas (defendidas en formato oral y póster) recogidas en los libros de actas de cada congreso (Ibáñez y Macías, 2001; Ibáñez y Macías, 2003; Martínez de Santos, Ibáñez y Sautu, 2005; Ibáñez, Feu, Parejo, García y Cañadas, 2007; Cuadernos de Psicología del Deporte, vol.9).

Para presentar y exponer de forma clara los datos bibliométricos más relevantes de estas comunicaciones, de cada una de ellas se han analizado las siguientes variables: a) Congreso; b) Número de autores; c) Filiación del primer autor; d) Área temática de la comunicación; e) Tipo de muestra; f) Sexo de la muestra; g) Instrumento de registro de datos; h) Número de referencias bibliográficas; e i) diseño metodológico.

En el gráfico 9 se presentan la evolución del **número de comunicaciones** científicas (presentación oral y póster) que fueron aceptadas por el comité científico en los diferentes Congresos Ibéricos de Baloncesto. En concreto, se aprecia una tendencia ascendente en cuanto a la presentación de comunicaciones libres en las últimas ediciones, destacando el incremento muy significativo a partir del IV CIB celebrado en Cáceres en el año 2007.

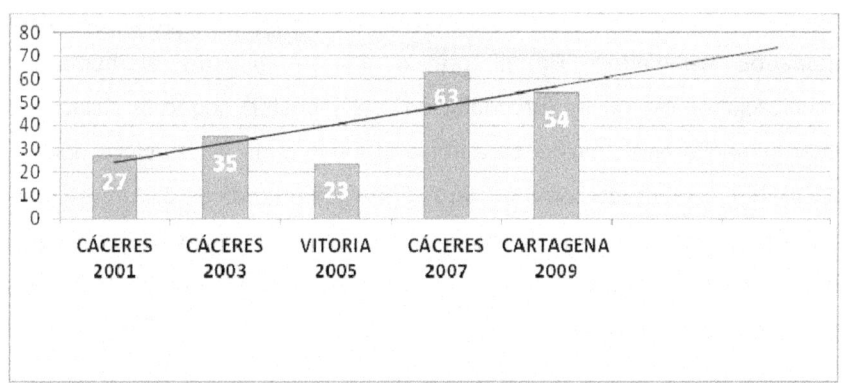

Gráfico 9. Evolución en el número de comunicaciones científicas presentadas al Congreso Ibérico de Baloncesto

En el gráfico 10 se puede apreciar la distribución de las comunicaciones científicas, según el **número de autores** que las firman. Cabe destacar el número de trabajos por tres autores conforma el grupo mayoritario con un 27% de la muestra, seguidos por los trabajos firmados por 2 autores (22%) y por cuatro autores (20%). Estos datos denotan la tendencia generalizada en este ámbito de trabajar en equipo para la realización de las investigaciones o de las experiencias prácticas, tal y como ya apuntaban Ortega y Lorenzo (2009).

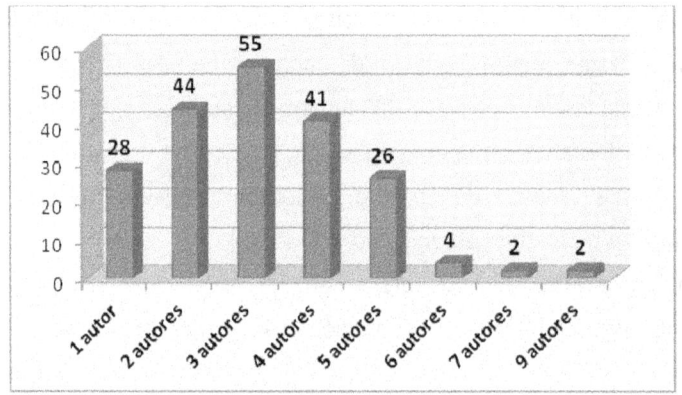

Gráfico 10. Número de comunicaciones científicas presentadas al Congreso Ibérico de Baloncesto según número de autores

La distribución de comunicaciones en función de la **Universidad o Institución** en la que trabajan los autores que las presentan es otro de los parámetros estudiados. En el gráfico 11 se muestra el número de comunicaciones científicas (presentación oral y póster) según la afiliación del primer autor. En este sentido, se aprecia que a lo largo de las cinco ediciones del CIB, han colaborado como primeros firmantes autores de 31 Universidades y 32 instituciones no universitarias. Si se analiza el resto de firmantes, el número de universidades participantes se incrementa a más de 65, y el número de instituciones supera las 50.

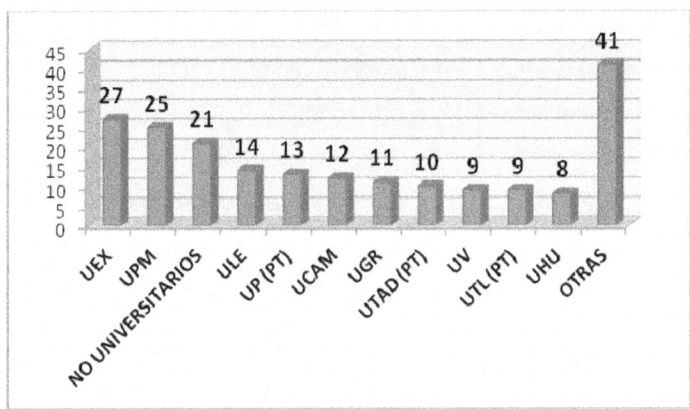

Gráfico 11. Número de comunicaciones científicas presentadas al Congreso Ibérico de Baloncesto según institución del primer autor

Por otro lado, es importante analizar qué **áreas temáticas** recogen las distintas comunicaciones presentadas para pulsar cuál es el interés científico real. En el gráfico 12 se presenta el número de comunicaciones científicas según el área temática, apreciándose una gran variabilidad en las áreas estudiadas, de manera que la categoría "otras" es la de mayor frecuencia (24%, n=49). Destaca en mayor medida el área de la psicología con el 20% de los trabajos y del análisis del juego (16%) (análisis notacional) seguida por las áreas de iniciación deportiva (12%), la preparación física (8%) y los entrenadores (6%).

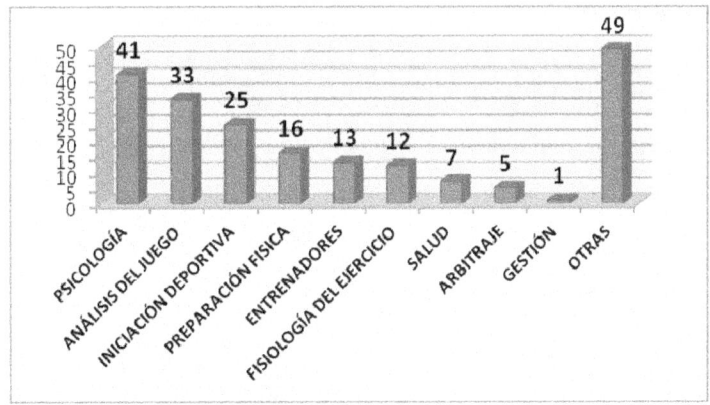

Gráfico 12. Número de comunicaciones científicas presentadas al Congreso Ibérico de Baloncesto según área temática

Referente a la variable del **tipo de muestra** analizada en los trabajos presentados, en el Gráfico 13 se puede apreciar el número de comunicaciones científicas. Destacan de forma abrumadora los trabajos de investigación realzados con muestras de alto rendimiento deportivo con el 52% de las comunicaciones libres, seguido de la iniciación deportiva (28%) y de la formación de entrenadores (7%), siendo muy escasos lo trabajos realizados sobre deportistas adultos y árbitros (2% respectivamente).

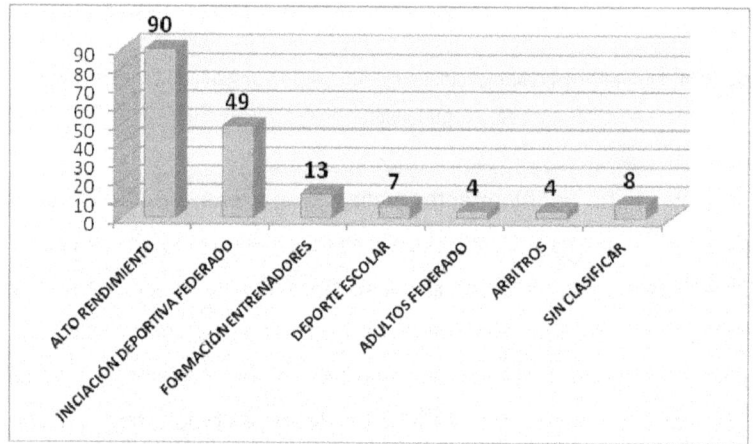

Gráfico 13. Número de comunicaciones científicas presentadas al Congreso Ibérico de Baloncesto según tipo de muestra

Por otro lado, en la tabla 2, se presentan el número de comunicaciones científicas según el **instrumento principal de registro** de datos. En ese sentido, cabe destacar el elevado uso de hojas de observación (sistemas de categorías y/o formatos de campo), así como el escaso número de instrumentos experimentales.

Tabla 2. Número de comunicaciones científicas presentadas al Congreso Ibérico de Baloncesto según el instrumento utilizado

Instrumentos de Registro de Datos	n
Cuestionario	40
Entrevista	24
Test físicos específicos	20
Indicadores de Rendimiento obtenidos del juego	16
Experimentales	5
Otros	16

En la tabla 3, se muestra la media, desviación típica y mediana de referencias bibliográficas utilizadas en las comunicaciones libres presentadas en todas las ediciones del CIB. En ese sentido, cabe destacar que el número de referencias en otros idiomas (prácticamente la totalidad en inglés), es superior en todos los casos a las referencias en castellano. Este aspecto, junto al ya señalado anteriormente que hace referencia a que todas las comunicaciones de los dos últimos congresos han sido publicadas en revistas en inglés, hacen alusión a la importante internacionalización de este congreso en particular y del estudio del deporte del Baloncesto en general.

Tabla 3. Número medio de referencias bibliográficas en las comunicaciones científicas presentadas al Congreso Ibérico de Baloncesto

Tipo de referencias bibliográficas	Media	Desviación Típica	Mediana
Referencias en castellano	4.98	6.92	3
Referencias en otros idiomas	7.92	8.68	6
Referencias totales	12.80	11.38	10

Finalmente, al analizar diferentes parámetros bibliométricos de las comunicaciones científicas se estudia la **metodología** utilizada para llevar a cabo los estudios y se puede apreciar un elevado porcentaje de estudios descriptivos (79%, n=158) así como un escaso número de trabajos experimentales (6%, n=12) (Gráfico 14).

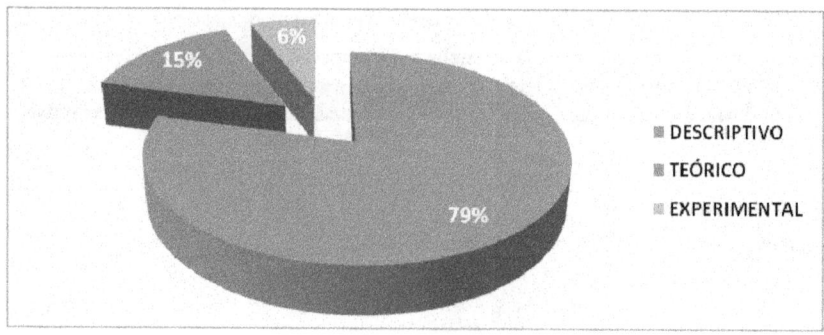

Gráfico 14. Número de comunicaciones científicas presentadas al Congreso Ibérico de Baloncesto según tipo de metodología de estudio

El estudio bibliométrico de las Tesis Doctorales realizadas sobre el Baloncesto, así como de los trabajos de investigación presentados, como comunicaciones libres al único congreso específico en la materia con periodicidad y estable en el contexto europeo permite tener una visión de cuál ha sido el camino recorrido por la investigación aplicada al deporte del Baloncesto. Este punto de partida servirá para asentar las bases científicas y metodológicas del deporte y preparar el camino para resolver los retos y los problemas de la investigación que se derivan de la práctica cotidiana del Baloncesto en todos sus niveles deportivos y ámbitos de intervención.

EL PRESENTE

La situación socioeconómica de inestabilidad, crisis, por la que está atravesando la sociedad desde de los primeros años del siglo XXI puede afectar a todos los ámbitos de la vida cotidiana. A esta crisis no es ajena la práctica deportiva y por extensión la investigación en este ámbito. Con un sentido positivo se debe entender la crisis como la oportunidad que nos ofrece el momento temporal en el que vivimos para establecer los cambios oportunos que permitan buscar un nuevo momento de estabilidad y crecimiento.

Recordar nuestro pasado permite afrontar el presente con una mayor tranquilidad. Los que vivimos los orígenes del I Congreso Ibérico de Baloncesto sabemos que aquel evento se gestó gracias al apoyo desinteresado de un grupo de profesores de Universidades españolas y portuguesas (Universidad de Huelva, Universidad Politécnica de Madrid, Universidad del País Vasco, Universidad Técnica de Lisboa, Universidad de Oporto, Universidad de Tras os Montes y Alto Douro y la Universidad de Extremadura). Sin prácticamente recursos, pero con un gran esfuerzo e ilusión se gestó un evento que el paso del tiempo ha consolidado, con unos índices de calidad dignos de mención. La excelencia alcanzada en las últimas ediciones no puede verse afectada por la dificultad en la obtención de recursos económicos que permitan la sostenibilidad del evento. Con algo de retraso sobre la planificación inicial, ve la luz el VI Congreso Ibérico de Baloncesto, rescatando el espíritu de su primera edición, en la que lo importante fue la reunión y comunión entre investigadores y profesionales, entre universitarios y entrenadores procedentes de diferentes universidades y entidades deportivas. Es posible que los recursos no sean los ideales para la realización de este evento, pero la excelencia y la calidad de los que en ella participan está garantizada por su trayectoria personal y profesional.

Para esta VI edición se han previsto un total de 12 Ponencias invitadas, en las que se abordan desde las causas y condicionantes del origen del Baloncesto hasta la problemática del último cierre patronal en la NBA y sus consecuencias en el desarrollo fisiológico de los jugadores; desde la detección de los talentos en baloncesto, su desarrollo y evolución por diferentes etapas de formación hasta las nuevas técnicas de análisis del juego; desde los factores motivacionales en los jugadores de baloncesto hasta la excelencia en la gestión de la Federación Española de Baloncesto. Nuevamente se plantea un modelo transversal de evento, en el que el Baloncesto sigue siendo el protagonista, en el que los académicos y profesionales vierten sus experiencias a todos los amantes de este deporte. Se acompaña la parte más académicamente dirigida con la celebración de dos mesas redondas, en las que se abordarán por primera vez en el congreso "el papel de la mujer en el baloncesto actual" y "cómo llegar a ser un entrenador excelente".

La participación de la comunidad baloncestística queda recogida con la difusión científica de los trabajos de investigación o experiencias profesionales y prácticas que los autores han presentado y que han pasado previamente por el filtro del Comité Científico. Se presentarán los 42 trabajos seleccionados en 6 sesiones de comunicaciones libres mediante el formato de presentación oral.

Como en la edición anterior, los mejores trabajos presentados en el VI CIB serán publicados en la prestigiosa Revista de Psicología del Deporte, indexada en ISI y con factor de impacto en Journal Citation Reports (JCR). Igualmente, el Comité Organizador ha seleccionado 12 Tesis Doctorales para su divulgación pública entre los asistentes. Para esta edición el incremento de este tipo de trabajos ha sido muy grande, quedándose varios trabajos sin poderse presentar, poniendo de manifiesto el incremento por el estudio del deporte del Baloncesto desde el máximo rigos académico.

La difusión de todos estos trabajos permitirá conocer cómo está el estado de la investigación y de la práctica en el momento actual, presentando los nuevos tópicos de investigación, los nuevos problemas de interés para los investigadores y las posibles líneas de investigación y mejora en este deporte.

EL FUTURO

Tras el análisis del pasado en la investigación a través del estudio bibliométicos de las Tesis Doctorales que tienen por objeto el deporte del Baloncesto y de las comunicaciones libres presentadas al Congreso Ibérico de Baloncesto, se pueden extraer una serie de conclusiones que permiten afrontar el futuro de la investigación en este deporte.

El objeto de estudio más consolidado para la realización de Tesis Doctorales gira en torno a la fisiología del ejercicio, la psicología y la iniciación deportiva. En relación al tipo de muestra, el 30,% son estudios realizados en iniciación deportiva-federada, 25% en deportistas adultos federados, y 22% en deportistas de alto rendimiento. Los resultados de este análisis sobre el sexo de la muestra reflejan que en el 47.69% se analizan ambos sexos, en el 38.46% solo el sexo masculino y en el 13.85% solo el sexo femenino. Finalmente remarcar el elevado número de Tesis Doctorales con un diseño descriptivo-correlacional.

A partir de estos resultados, se puede extraer la necesidad de realizar futuras Tesis Doctorales que sean novedosas, innovadoras y creativas, focalizando la atención en el estudio de áreas temáticas menos abordadas, tales como pueden ser la gestión, los medios de comunicación o el análisis del juego entre otros. Además, para ello deberán orientarse al estudio de las poblaciones menos estudiadas, tales como los practicantes de deporte escolar, universitarios o árbitros. Igualmente abordar estudios en los que la población sea de sexo femenino. Para ello será necesario incrementar el número de instrumentos de registro que permitan triangular los datos; y principalmente sería deseable que fuese más elevado el número de trabajos de investigación con un diseño Experimental o Cuasi-Experimental, a partir de los cuales se pueda generar causalidad entre diferentes variables. Esta última recomendación deberá ser tenida en cuanta con cautela, pues, como todos los investigadores conocemos, es el problema de investigación el que condiciona el diseño de la investigación y la validez de la misma estará en consonancia con la adecuación metodológica y de los instrumentos al problema de investigación a resolver.

El panorama en cuanto a la divulgación científica de los trabajos de investigación mediante comunicaciones libres en el Congreso Ibérico de Baloncesto en muy semejante a la realizada presentada por el estudio de las Tesis Doctorales. Tras analizar las 202 comunicaciones científicas presentadas a los diferentes Congresos, se extrae la necesidad de realizar futuras investigaciones focalizando la atención en el estudio de áreas temáticas menos habituales, como la gestión, los medios de comunicación o la salud entre otros. Además es necesario estudiar otros colectivos diferentes a los habituales, incidiendo de manera especial en sujetos del sexo femenino, pues sólo representa un 7% de los trabajos revisados. Finalmente es determinante profundizar en trabajos experimentales o cuasi-experimentales, con programas de intervención, aspecto muy poco tratado en el deporte del Baloncesto hasta la actualidad.

A partir de los resultados obtenidos se pueden plantear algunas preguntas muy semejantes a las indicadas por Olmedilla et al. (2009) en su estudio sobre congresos de Psicología de Deporte:

¿Dónde está la investigación cualitativa, la investigación ecológica y en definitiva, los instrumentos subjetivos?

¿Dónde están los estudios experimentales o cuasi-experimentales a través de programas de intervención?

A pesar de ello, los viejos problemas de investigación, de entrenamiento y de rendimiento deportivo siguen vigentes, tales como:

¿Cómo se entrena el Baloncesto?
¿Cuál es la mejor metodología de enseñanza-aprendizaje del Baloncesto?
¿Cómo podemos entrenar de manera más eficaz los diferentes elementos del Baloncesto?
¿Cuál es la mejor intervención del entrenador para cada ámbito de actuación?
¿Cómo los jugadores alcanzan la excelencia en Baloncesto?
¿En qué se basan los jugadores expertos para tomar las decisiones durante la competición?
¿Cómo podemos obtener la victoria en un partido de Baloncesto?
¿Se puede explicar estáticamente o dinámicamente un partido?
¿Cómo afecta la modificación de un parámetro en el entrenamiento o en la competición?
¿Existen diferencias en el entrenamiento en función del sexo de los jugadores?
¿Se manifiesta el baloncesto por igual en las competiciones según el nivel o sexo de los participantes?
etc...

Los jóvenes investigadores, los grupos de investigación, los entrenadores, los amantes del Baloncesto ya tienen nuevos retos que superar, nuevas líneas de investigación que abrir y nuevas aportaciones que realizar a la comunidad, para que nuestro deporte siga siendo pionero y revolucionario en cuanto a la investigación aplicada, siendo un modelo a imitar por otras modalidades deportivas.

REFERENCIAS BIBLIOGRÁFICAS

Abellán, J.M., & Sánchez, F.I. (2010). Ordenación de las universidades públicas presenciales en España ateniendo a su productividad investigadora en el periodo 2005-2007. En M.P. Bermúdez, M.T. Ramiro & C. Del Rio (Coord.). *Evaluación de la Calidad de la Educación Superior y de la Investigación (VII Foro)* (p.173). Granada: Asociación Española de Psicología Conductual.

Agudelo, D., Bretón, J., Ortíz, G. Poveda, J., Teva, I., Valor, I., & Vico, C. (2003). Análisis de La productividad científica de La psicología española a través de las Tesis Doctorales. *Psichotema, 15*(4), 595-609.

Agudelo, D., Bretón, J., Poveda, J., Teva, I., Valor, I., & Vico, C. (2003). ¿Cómo tener éxito en un doctorado en Psicología? Opinión de los directores de Tesis Doctorales más productivos en España. *International Journal of Clinical and Health Psychology, 3*(3), 565-593.

Belinchon, M., Boada, L., García de Andrés, E., Fuentes, J., & Posada, M. (2010). Evolución de los estudios sobre autismo en España: publicaciones y redes de coautoría entre 1974-2007. *Psicothema, 22*(2), 242-249.

Buela-Casal, G. (2005). Situación actual de la productividad científica de las universidades españolas. *International Journal of Clinical and Health Psychology, 5*, 175-190.

Bueno, A., & Delgado, E. (2010). Midiendo el impacto de las Tesis Doctorales en la Web of Science: El caso de la Universidad de Granada. En M.P. Bermúdez, M.T. Ramiro & C. Del Rio (Coord.). *Evaluación de la Calidad de la Educación Superior y de la Investigación (VII Foro)* (p.170). Granada: Asociación Española de Psicología Conductual.

Cantón, E., & Sánchez-Gombáu, M. C. (1999). Los Congresos Nacionales de Psicología del Deporte a través del análisis de sus actas. En G. Jiménez y E.J. Garcés de los Fayos (Eds.), *La Psicología del Deporte en España. 1999*. Murcia: Sociedad Murciana de Psicología de la Actividad Física y el Deporte.

Civera, C., & Tortosa, F. (2001). Estado de la investigación psicológica en España: El grado de Doctor y la investigación Académica (1976-1998). *Papeles del Psicólogo, 3,* 363-369.

Cuadernos de Psicología del Deporte (2009). Vol 9 (supl)

Escolar, P., Medina, F., Montilla, F., Jimeno, F.J., Oliveira, S., & Lillo, M.C. (2010). Experiencia en la formación de doctorandos en programas vinculados a fisioterapia. En M.P. Bermúdez, M.T. Ramiro & C. Del Rio, (Coord.), *Evaluación de la Calidad de la Educación Superior y de la Investigación (VII Foro)* (p.102). Granada: Asociación Española de Psicología Conductual

Fernández, A. (2005a). Análisis de la producción científica de Baloncesto en España (Anual, disciplinas, autor, país, tipo de documento, institución, lenguaje, revista, impacto palabras clave). En R. Martínez de Santos,

L.M. Sautu & M. Fuentes, (Coords.), *Libro de Actas del III Congreso Ibérico de Baloncesto* (pp. 65-75). Vitoria: AVAFIEP

Fernández, A. (2005b). Análisis de la producción científica de Baloncesto en España (institución, lenguaje, revista, impacto palabras clave). En R. Martínez de Santos, L.M. Sautu, & M. Fuentes, (Coords.), *Libro de Actas del III Congreso Ibérico de Baloncesto* (pp. 77-88). Vitoria: AVAFIEP

Fernández, A.B., Delgado, M.A., Ortega, G., & Pérez, A.J. (2008). *Las áreas de educación física y deportiva y expresión corporal en ISI*. Granada: Fernández-Revelles.

García, J., Garcés de los Fayos, E.J., & Jara, P. (2005). El papel de la atención en el ámbito deportivo: Una aproximación bibliométrica de la literatura recogida en la base de datos Psyclit. *Revista de Psicología del Deporte, 14(1)*, 125-140.

Hernández, R., Fernández, C., & Baptista, P. (2006). *Metodología de la investigación* (4ta. ed.). México D.F.: McGraw Hill.

Ibáñez, S.J., & Macías, M.M. (2001). *Libro de resúmenes y programa oficial del I Congreso Ibérico de Baloncesto*. Cáceres: Copegraf s.l.

Ibáñez, S.J., & Macías, M.M. (2003). *Libro de resúmenes y programa oficial del II Congreso Ibérico de Baloncesto*. Cáceres: Copegraf s.l.

Ibáñez, S.J., Feu, S., Parejo, I., García, J., & Cañadas, M. (2007). *Libro de resúmenes y programa oficial del II Congreso Ibérico de Baloncesto*. Cáceres: Copegraf s.l.

Kirk, D. (2010). O porquê de investigar: estado atual e tendências futuras nas pesquisas em Educação Física. *Movimento, 16(2)*, 11-43.

Martínez de Santos, R., Ibáñez, S.J., & Sautu, L.M. (2005). *Libro de actas del III Congreso Ibérico de Baloncesto*. Vitoria: Imprenta de la Diputación Foral de Álava.

Montero, O.G., & León, I. (2007). A guide for naming research studies in Psychology. *International Journal of Clinical and Health Psychology, 7(3)*, 847-862.

Moyano, M., Delgado, C.J., & Buela-Casal, G. (2006). Análisis de la productividad científica de la psiquiatria española a través de las Tesis Doctorales en al base de datos TESEO (1993-2002). *International Journal of Psychology and Psychological Therapy, 6(1)*, 111-120.

Olmedilla, A., Ortega, E., Garcés de los Fayos, E.J., Jara, P., & Ortin, F.J. (2009). Evolución de la investigación y de la aplicación en psicología del deporte, a través del análisis de los congresos Nacional de Psicología del Deporte (1119-2008). *Cultura, Ciencia y Deporte, 10*(5), 15-23.

Ortega, E., & Lorenzo, A. (2009). Bases para una adecuada enseñanza del Baloncesto: ciencia, práctica y equipo. En A. Lorenzo, S.J. Ibáñez & E. Ortega, (Coords.), *Aportaciones teóricas y prácticas para el Baloncesto del futuro* (pp. 1-3). Sevilla: Wanceulen, editorial Deportiva.

Ortiz-Recio, G., Poveda, J., Teva, I., Valor, I., & Vico, C. (2003). Líneas de investigación en la Psicología Española (1989-1998). Una revisión crítica. *Papeles del Psicólogo, 84*, 53-57.

Pérez-Samaniego, V. (2007). Análisis de las contribuciones a los congresos del área de Didáctica de la Expresión Corporal (1990-2000). *Apunts. Educación Física y Deportes, 87,* 27-34.

Polaino, A. (2002). Ciencia, política y política de la investigación. *Análisis y Modificación de Conducta, 28*, 363-390.

Real Decreto 1393/2007, de 29 de octubre, por el que se establece la ordenación de las enseñanzas universitarias oficiales. Boletín Oficial del Estado núm. 260 de 30 de Octubre de 2007.

Real Decreto 861/2010, de 2 de julio, por el que se modifica el Real Decreto 1393/2007, de 29 de octubre, por el que se establece la ordenación de las enseñanzas universitarias oficiales. Boletín Oficial del Estado núm. 161 de 3 de Julio de 2010.

Valenciano, J. (2010). Producción científica y temas de investigación en educación física y deportes. En *V Congreso Internacional XXVI Congreso Nacional Educación Física: Docencia, innovación e investigación en educación física.* Barcelona: Inde.

¿EXISTEN FORMAS DIFERENTES DE PLANTEAR LA DETECCIÓN Y EL DESARROLLO DEL TALENTO EN BALONCESTO?

Dr. Alberto Lorenzo Calvo
Facultad de Ciencias de la Actividad Física y del Deporte – INEF.
Universidad Politécnica de Madrid

Dr. Sergio Jiménez Saiz
Facultad de Ciencias de la Actividad Física y el Deporte.
Universidad Europea de Madrid.

INTRODUCCIÓN

Qué pensarían ustedes si, con la intención de encontrar jugadores de baloncesto, viesen el siguiente anuncio:

Si tienes entre 15 y 22 años.
Eres excepcionalmente alto, es decir, para los hombres, mides más de 1.90 m, y para las mujeres, mides más de 1.80 m.
Compites en cualquier deporte, en un nivel mínimo, provincial o autonómico.
Eres rápido, ágil y habilidoso y/o estas en forma, fuerte y potente.
Eres mentalmente fuerte y competitivo.
Entonces, tienes la oportunidad de formar parte de la selección nacional de tu país y competir en los Juegos Olímpicos. Estamos buscando talento bruto que tenga la capacidad de desarrollarse, bajo la supervisión de entrenadores de élite, en un contexto de entrenamiento de máximo rendimiento.
No es necesaria tener experiencia previa en baloncesto ni en ningún deporte.

¿Creen que es posible encontrar un jugador de baloncesto de esta manera?... Pues bien, esto que acaban de leer, es algo real... Es un programa de detección de talentos desarrollado por el UK Talent Team, bajo la supervisión de UK Sport (la agencia nacional británica de deporte de alto rendimiento que gestiona aproximadamente 100 millones de libras al año en becas para los deportistas británicos olímpicos y paralímpicos) y que se denomina Talent 2016: Tall and Talented. Además de este programa, específico para baloncesto, han desarrollado muchos más, como son: Sporting Giants (2007), Girls4Gold (2008), Pitch to Podium (2008), Fighting Chance (2009), Paralympic Potential (2009) y Power2Podium (2011).

Estos programas han sido organizados fundamentalmente con motivo de las Olimpiadas de Londres 2012, pero también con el objetivo de competiciones internacionales posteriores. Así, en los últimos años, desde el 2007, les han permitido valorar a 7000 deportistas, que no estaban incluidos en el sistema deportivo británico, de los cuales aproximadamente 100 fueron incluidos dentro del sistema de deportistas de alto rendimiento, compitiendo internacionalmente en 269 ocasiones y consiguiendo 99 medallas internacionales en 17 deportes diferentes (15 medallas en campeonatos del mundo, 3 de ellas de oro, en categoría junior y senior; 30 medallas en categoría senior en Copas del mundo, 13 de oro; 8 medallas en europeos; y 18 medallas en Copas de Europa, 7 de ellas de oro). Además, 11 de esos 100 deportistas serán olímpicos en Londres 2012.

El programa Tall and Talented 2016 les permitió encontrar a Zak Wells, un pivot de 2.13 m. Zak proviene de una familia cuyo padre y tío habían competido a nivel internacional por Inglaterra en boxeo y halterofilia. Cuando acudió a las pruebas no había practicado el baloncesto nunca, pero practicaba rugby y boxeo. Con tan solo 16 años fue el cuarto deportista más alto en las pruebas realizadas durante la primera fase del programa Tall and Talented. Una vez pasadas dichas pruebas, Zak optó por implicarse en el baloncesto, consiguiendo una plaza en el primer instituto británico de baloncesto (una iniciativa en la que intervienen distintas instituciones, y que proporciona al deportista un contexto perfecto para desarrollarse como jugadores al mismo tiempo que estudian). En Octubre de 2010, después de entrenar al baloncesto durante menos de un año, fue seleccionado para la selección inglesa U18 y compitió en el Campeonato de Europa en Varna, en agosto de 2011 (Bulgaria), con una media de 17 minutos y casi 5 rebotes por partido. Este verano compite con la selección U20 en el Europeo de Sofía y ya forma parte de un equipo de la primera división inglesa.

"Aún no pudo creer donde he llegado. Si me dices el año pasado que jugaría al baloncesto por mi país, jamás lo hubiese creído"

¿Les suena raro? En España, en el Estudiantes, juega un chaval que se llama Edgar Vicedo. Edgar nació en agosto del 94, practicó balonmano y voleibol, y con 16 años empezó a jugar al baloncesto. Ese primer año es seleccionado por la F.E.B. para formar parte de la selección cadete. En abril del 2012 se proclamó campeón del torneo de Mannheim, el torneo internacional más prestigioso de la categoría junior, y que prácticamente equivale a un campeonato del mundo no oficial (17.7 minutos de media, 6.6 de valoración). En la página de la Federación Española de Baloncesto, después de la victoria, escribieron esto sobre Edgar:

"Hijo del internacional jugador de voleibol Benjamín Vicedo. De hecho, siguió los pasos de su padre hasta...hace 3 años que se decantó por el baloncesto. Muy buenas condiciones físicas, sobre todo gran capacidad de salto. Posee capacidad innata para ejecutar muchos gestos técnicos. Buen tirador exterior. Ayuda en el rebote ofensivo de forma eficiente. Buen defensor de uno contra uno"

En la actualidad, este verano, está compitiendo con la selección U18 en el Europeo de Klaipeda y Vilnius (agosto 2012, Lituania).

¿Qué hay detrás de todo esto?, ¿qué conceptos utilizan y soportan estos programas?, ¿sería posible aplicarlos en nuestro país, en nuestro baloncesto?. El objetivo del presente texto será tratar de profundizar en nuevos conceptos y alternativas a aplicar en la detección y desarrollo del talento deportivo, concretamente en el baloncesto.

ARGUMENTOS SOBRE EL TRADICIONAL PROCESO DE DETECCIÓN Y DESARROLLO DEL TALENTO

Hasta el momento, los programas de detección y desarrollo del talento han tenido una visión tradicional del proceso (Vaeyens, Güllick, Warr, & Philippaerts, 2009), y se han basado en clásicos argumentos como: a) realizar la identificación y el reclutamiento de deportistas talentosos en una edad temprana, para de esta manera, implicarles en la actividad deportiva durante un largo periodo de tiempo antes de alcanzar los resultados deportivos; b) la teoría de la práctica deliberada (e.g.; Ericsson, 1996; Ericsson, Krampe, & Tesch-Römer, 1993) y la "regla de los 10 años"; y c) la existencia de distintas etapas en el desarrollo formativo del deportista (Bloom, 1985; Côté, 1999). Estos conceptos originales han auspiciado numerosas investigaciones que nos han permitido conocer algo más sobre la evolución del deportista y los distintos factores que influyen en su formación (Lorenzo & Calleja, 2010); al mismo tiempo que han generado modelos de desarrollo del deportista que en la actualidad se encuentran vigentes. Por ejemplo, el modelo "Long Term Athlete Development" proporciona una demostración clara de cómo organizar el entrenamiento, el juego y todos los factores, de acuerdo a los diferentes estadios del deportista (Balyi & Hamilton, 2004). Este modelo se puede observar aplicado al baloncesto en el programa de la Federación Inglesa de Baloncesto:

http://www.englandbasketball.co.uk/articles/article.aspx?aid=346&pid=755

Esta tradicional aproximación está basada en razones del tipo: a) el éxito a nivel internacional es el resultado de una larga implicación en una sola disciplina deportiva; b) el éxito aumenta con la duración del entrenamiento y la competición en el deporte elegido; o c) una temprana implicación, el éxito temprano y la continuación en programas de promoción deportivos estimulará el proceso de desarrollo del talento, y por tanto, correlaciona positivamente con el éxito en el alto rendimiento deportivo. A partir de aquí, esta orientación tradicional trata de apoyar económicamente dicho proceso, a partir de la inversión económica exclusivamente en un número seleccionado de deportistas (Vaeyens et al., 2009).

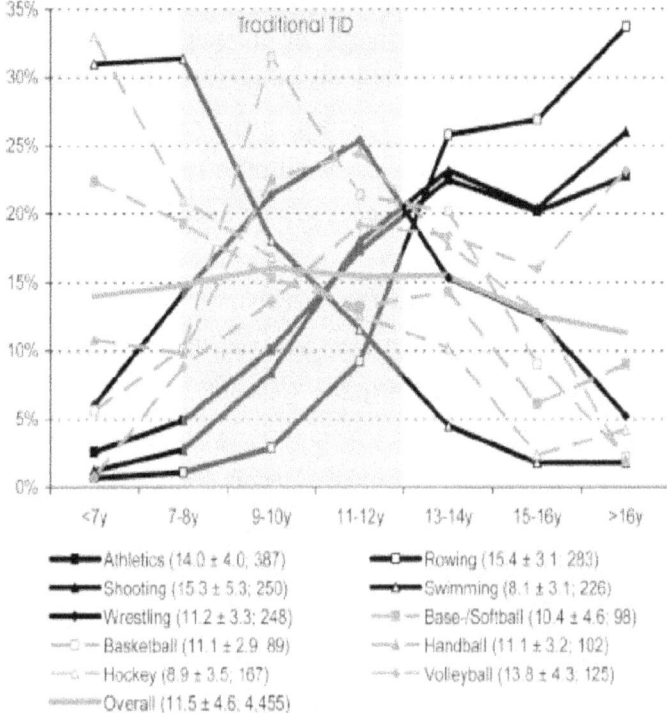

Tomado de Vaeyenes et al., (2009). Edad de comienzo a entrenar en la especialidad deportiva en los deportistas que participaron en los Juegos Olímpicos de 2004.

Pero, siendo ciertos estos argumentos como así lo han demostrado numerosas investigaciones, ¿es la única vía posible de alcanzar el máximo rendimiento?, ¿es necesario cumplir todas esas condiciones para poder alcanzar el mayor nivel competitivo posible? Parece, que desde la investigación no todos están de acuerdo con estos argumentos. Por ejemplo, son varias las investigaciones que han demostrado que la edad de iniciación en el entrenamiento y la competición varía de forma muy evidente entre deportistas exitosos. Güllich (2007) analizó los datos de 4455 deportistas olímpicos sobre la edad de comienzo a entrenar en su especialidad deportiva. Algunos de estos datos se pueden observar en la siguiente gráfica. Los resultados sugieren que la edad de comienzo del entrenamiento específico varía entre y dentro de la misma disciplina deportiva, y que un considerable porcentaje de deportistas internacionales comienzan a entrenar después del tradicional "timing" de la identificación del talento (aproximadamente entre los 8-12 años), lo que implica que para obtener el éxito en algunos deportes olímpicos no es necesario comenzar a una edad muy temprana el entrenamiento específico. Si por ejemplo, observan la edad de comienzo en baloncesto, ésta se sitúa en los 11.1 años ± 2.9 años. Es decir, puede haber jugadores olímpicos de baloncesto que hayan comenzado a practicarlo con 14 años (anteriormente, hemos visto ejemplo de jugadores que han comenzado más tarde y son internacionales por sus países).

En otro tipo de investigaciones, también se destaca el hecho de que para sobresalir y ser internacionales no son necesarios muchos años de una práctica específica de ese deporte (¡¡Zak Wells y Edgar Vicedo han competido a nivel internacional al año de haber empezado a jugar al baloncesto!!). Gulbin y colaboradores (Gulbin, 2006; Oldenziel, Gagné, Gulbin, & 2004), investigaron sobre la trayectoria deportiva de deportistas australianos de alto rendimiento a través de cuestionarios. De los 459 participantes que le respondieron, y que habían representado a Australia en competiciones internacionales tanto en edad junior como senior, la duración media del periodo transcurrido entre el primer contacto con el deporte y la primera competición internacional fue de 7.5 ± 4.1 años. El 70% de los deportistas habían requerido menos de 10 años para alcanzar la pericia. En comparación con aquellos deportistas que habían alcanzado la *excelencia* (entendida ésta como haber competido a nivel internacional) después de 10 años o más, los "quick-developers" se caracterizaban por haber llegado al deporte relativamente tarde (a los 17.1 ± 4.5 años), por haber experimentado una gran variedad de deportes antes de la especialización, por comenzar en niveles competitivos elevados, y por participar en competiciones junior y senior al mismo tiempo.

Es decir, se pueden encontrar deportistas internacionales que no han progresado a través de una carrera deportiva lineal, (i.e.; una sola especialidad deportiva), sino que han practicado numerosos deportes durante la infancia y la adolescencia. De los estudios realizados en este ámbito parece deducirse que, de los dos grupos de deportistas, de larga implicación y de corta implicación en una sola disciplina deportiva, estos últimos han comenzado la especialización a una edad más tardía y se han involucrado en varios deportes antes.

Finalmente, y tratando de argumentar aún más la necesidad de encontrar nuevas líneas de detección y desarrollo del talento ("Frontline solutions"; English Institute Sport, 2012; UK Sport, 2012), es necesario tener en cuenta que las distintas cualidades y aptitudes necesarias para alcanzar el máximo rendimiento en cualquier especialidad deportiva no aparecen al mismo tiempo, surgiendo en edades tardías (Lorenzo, 2011; Pearson, Naugthon, & Torode, 2006; Vaeyens, Lenoir, Williams, & Philippaerts, 2008). O que, dada la evolución de las especialidades deportivas, algunas características necesarias aún no se conozcan, mientras que las nuevas metodologías de entrenamiento, las modificaciones reglamentarias o la aplicación de las nuevas tecnologías provoquen distintos tipos de deportistas (Vaeyens et al., 2008). ¿En qué se parece el baloncesto del año 2012 al baloncesto del año 1998?. Observen su evolución, es muy evidente. Pues bien, los jugadores nacidos a principios de los años 90 se preparaban para un baloncesto que aún no existía. ¿Para qué baloncesto preparamos a los jugadores infantiles de hoy?.

Dicha circunstancia provoca que aparezcan los siguientes datos. Entre los deportistas olímpicos de Atenas 2004 (Güllich, 2007), tan solo el 44% de ellos habían debutado en competición internacional en su disciplina deportiva en la categoría junior (16.8 ± 2.5 años). La mayoría de ellos habían competido a nivel internacional por primera vez en la categoría senior (22.0 ± 3.1 años). En el estudio realizado por Schumacher, Mroz, Mueller, Schmid, y Ruecker (2006), sobre la carrera deportiva seguida por los ciclistas profesionales, tan solo el 29.4% de ellos habían participado en campeonatos del mundo junior, mientras que solo el 34% de aquellos que habían competido en dichos campeonatos mundiales habían tomado parte después en las principales competiciones senior. Recientemente, Barreiros, Côté y Fonseca (2012), trataron de analizar la participación de 395 deportistas portugueses, de diferentes deportes incluidos deportes colectivos, con el objetivo de conocer cuántos deportistas que en categorías inferiores habían sido internacionales lo eran en categoría senior. Los resultados encontrados confirmaron que tan solo un tercio de los deportistas que son internacionales en categoría senior han competido anteriormente a nivel internacional en categorías inferiores. En baloncesto, podemos encontrar un ejemplo muy reciente, que ha ocurrido con un jugador de la NBA, como es Jeremy Lin. Sin duda alguna, es interesante analizar su trayectoria deportiva (http://es.wikipedia.org/wiki/Jeremy_Lin), y se puede observar que su explosión deportiva se produce con 24 y 25 años, y en ningún momento antes, ha sido seleccionado para ninguna competición internacional ni ha destacado especialmente.

En resumen, el análisis de la eficacia de los diferentes sistemas de promoción deportiva, revelan una baja o moderada proporción de éxito. Parece que la mayoría de los deportistas reclutados en edades tempranas nunca llegan a ser deportistas de éxito a nivel senior. Visto desde el otro lado, muchos de los deportistas internacionales no han formado parte de programas deportivos institucionales. Parece que una temprana participación en competiciones y la inclusión en programas de detección y desarrollo del talento correlacionan negativamente con el éxito. Güllich y Emrich (2006) analizaron el historial deportivo de los deportistas alemanes que participaron en las Olimpiadas, tratando de encontrar que relación había entre la participación en programas de detección y promoción deportiva y el éxito alcanzado posteriormente. Entre otros resultados encontraron que los deportistas internacionales empezaron el entrenamiento y la competición (nacional e internacional) significativamente más tarde que otros menos exitosos (solamente competían a nivel nacional). Además, una gran proporción de dichos deportistas internacionales habían entrenado y competido en otros deportes diferentes a su principal deporte. Consecuencia de ello, estos sujetos eran seleccionados a una edad mucho más tardía.

Como consecuencia de ello, y otros factores, en la actualidad se están realizando numerosas investigaciones en torno al estudio de la trayectoria deportiva realizada por los deportistas. Evitando profundizar mucho en su análisis, ya que supera claramente los objetivos de este texto, el Modelo de Desarrollo Deportivo (DMSP), desarrollado por Côté, Baker y Abernethy (2007), distingue dos caminos diferentes de desarrollo de la pericia deportiva: la temprana diversificación o la especialización temprana. En la temprana diversificación, se observa que se produce una evolución en el deportista, desde el juego deliberado hasta la práctica deliberada, y desde la diversidad hacia la especificidad. En el caso contrario, en la especialización temprana, los deportistas comienzan en un deporte a edad temprana, y dedican mucho tiempo a un entrenamiento específico, práctica deliberada, de dicho deporte. Este debate continúa en la actualidad de forma muy viva, aportando ambas posiciones argumentos a favor de una y otra (una interesante argumentación de esta polémica se puede leer en Côté, 2011; o en Côté, Lidor, & Hackfort, 2009), y analizando consecuencias e implicaciones de las diferentes trayectorias deportivas (e.g.; Strachan, Côté, & Deakin, 2009). Sin embargo, como bien señalan Ford y Williams (2012), ambos tipos de desarrollo no deben ser entendidos dentro de un modelo dicotómico, o la opción de la especialización temprana o la opción de la diversidad. De hecho, muchas de las variables descritas en dichas trayectorias deportivas (numero de actividades deportivas practicadas, horas dedicadas al deporte principal) forman parte de un continuum que evoluciona y que pueden coexistir a la vez (practicar varios deportes y dedicar muchas horas a una actividad deportiva). Lo más probable es que dichas variables se combinen entre sí generando diversas y distintas trayectorias deportivas, dependiendo del deporte, país y cultura. Así por ejemplo, Ford y Williams (2012) establecen un tercer modelo de desarrollo deportivo, denominado "early engagement", que implica durante la infancia elevadas cantidades de juego deliberado en el deporte primario, así como una evolución en la horas de entrenamiento y competición (de poca dedicación a mucha), y una participación muy baja en otros deportes. O más recientemente, Storm, Kristoffer, y Krogh (2012), establecen cuatro diferentes trayectorias deportivas en los deportistas daneses ("early specialization", "Late investment and playful training", "Late entry into main sport", "sampling in playful trainig"), en función de aspectos culturales y deportivos.

De esta forma, se entiende que son varios los factores que pueden condicionar el desarrollo de una trayectoria u otra: el tipo de deporte (deportes de rendimiento precoz o deportes de rendimiento tardío); la cultura deportiva del país (deportes que tienen un reconocido impacto social en dicho país, como puede ser el fútbol en Inglaterra o aquí en España, el propio baloncesto en España – de acuerdo al C.S.D., el baloncesto en España es el segundo en número de licencias federativas -, el hockey sobre hielo en Canadá o el rugby en Nueva Zelanda), la cultura deportiva de la región (obsérvese en este caso la diferente implantación de ciertas actividades deportivas en función de la comunidad aquí en España, ¿se imaginan una campeona mundial de soka tira aquí en Cáceres?, en el País Vasco existe), la cultura deportiva del club (porque no tiene nada que ver el proceso de desarrollo del talento de un jugador de baloncesto seguido en el Estudiantes al seguido en el Real Madrid, en el Barcelona, en el Joventut, en el Cáceres, en el San Agustín,...) o la profundidad de la competición pueden explicar por qué se producen esas variaciones en el desarrollo de la pericia de los deportistas. Sin olvidarnos de que, seguramente, surgirán distintas trayectorias deportivas en función del género aunque sobre este aspecto no conocemos que existan investigaciones al respecto.

De estos datos se puede deducir que: a) no es necesario estar incluido en un programa de detección y desarrollo del talento desde una temprana edad; y b) que es posible cambiar de disciplina deportiva a una edad relativamente tardía y alcanzar resultados deportivos. Más aún, existen claros ejemplos de deportistas olímpicos que han sido capaces de cambiar de un deporte a otro compitiendo en los dos a nivel internacional (Gulbin, 2008). Yelena Isinbaeva cambió de deporte a los 15 años, y ha sido capaz de ganar el oro en dos olimpiadas. En baloncesto, tenemos los casos anteriormente expuestos, como existen muchos otros, y al revés. Véase por ejemplo, Carlota Castrejana cuando decidió cambiar el baloncesto por el triple salto, o más recientemente, el cambio de especialidad deportiva realizado por Aauri Bokesa, que ha sido internacional al mismo tiempo en baloncesto y atletismo (400 metros), y que recientemente ha asistido a los Juegos Olímpicos de Londres, 2012.

NUEVOS CONCEPTOS Y ALTERNATIVAS AL PROCESO DE DETECCIÓN Y DESARROLLO DEL TALENTO

¿Qué podemos hacer con aquellos deportistas que después de invertir mucho tiempo entrenando en una especialidad deportiva no alcanzan el rendimiento deseado? ¿Podemos perderlos y perder esa riqueza motriz o desarrollo condicional adquirido? En el lado contrario, ¿qué podemos hacer para poder buscar más jugadores o deportistas y poder competir mejor?

Estas situaciones han provocado la aparición de nuevas alternativas para encontrar y desarrollar deportistas de nivel internacional. Entre ellas se pueden destacar dos fundamentalmente: la "identificación de talentos maduros" ("mature-age talent identification") y el "reciclaje de talentos" ("talent recycling")

(Vaeyens et al., 2009) o "transferencia de talentos" ("transfer talent") (Burgess & Naugthon, 2010).

El concepto de "mature-age talent identification" propone la identificación de deportistas en la etapa post-puberal, es decir, una vez que la mayoría de las aptitudes y cualidades del deportista han aparecido y han madurado, lo cual nos permitiría solucionar uno de los problemas que ya han sido comentados anteriormente en relación a la detección del talento, y que es la aparición retardada o en distintos momentos, de las distintas aptitudes necesarias para el deportista (Lorenzo, 2011). De esta forma, se pueden evitar tradicionales problemas de la detección de talentos como son los "falsos positivos" o los "falsos negativos", así como la aparición del "relativo efecto de la edad", o al menos disminuirlo.

En relación a la transferencia o reciclaje de talentos, en el que un deportista se cambia de especialidad deportiva, es evidente que, siendo una práctica aceptada y espontánea, no existe una estructura organizativa que favorezca dicha reorganización entre las distintas estructuras deportivas. Dicha transferencia de forma natural se basa en la idea de que existen deportes que comparten las mismas características físicas, fisiológicas, preceptúales, cognitivas,... Así podemos pensar en el caso de Edgar, que practicó al principio voleibol, y aún siendo un deporte diferente al baloncesto en cuanto a su lógica interna, se puede entender que presenta algunas similitudes desde el punto de vista físico, condicional, o perceptual. Pero, a veces, ni siquiera es necesario que se tengan esas similitudes. Aauri Bokesa, siendo jugadora internacional de baloncesto en las categorías inferiores, durante un tiempo compaginó el baloncesto a nivel profesional en categoría senior con el atletismo, para finalmente dedicarse exclusivamente al atletismo, ya que en 2 años de entrenamiento, consiguió ser campeona de España de 400 metros y deportista internacional absoluta. Y ambos deportes, a priori, poco tienen que ver... En este sentido, la idea establecida por Sport UK (2012), se basa precisamente en esto, en aprovechar esa formación que ya tienen los deportistas para poder utilizarla en otras especialidades deportivas, quizás con menor profundidad competitiva, pero que pueden servirles para obtener rendimiento. Por ejemplo, "Sporting Giants" trató de buscar nuevos deportistas que pudiesen implicarse en el programa olímpico de tres deportes: remo, balonmano y voleibol.

Simplemente buscaban deportistas, entre 16 y 25 años, con una altura de 1,90 m. para los hombres y 1,80 m. para las mujeres, y con cierta experiencia deportiva, pero no era necesario tener experiencia en dichos deportes. No me puedo resistir al hecho de pedirles que observen que son las mismas condiciones que pedían a los deportistas que se presentaban a la operación Tall & Talented para jugadores de baloncesto (UK Sport, 2012). ¿Curioso?. No, lógico. ¿O es que a nosotros no nos interesarían jugadores de balonmano, voleibol, fútbol, rugby,..., que midan más de 1.90 m y sean ágiles, fuertes, rápidos?

Este concepto de "transferencia del talento" ("talent transfer") se sustenta sobre el hecho de que los deportistas pueden transferir sus experiencias deportivas previas, sus capacidades fisiológicas y sus habilidades a una nueva disciplina deportiva, en una edad tardía, y beneficiarse de alcanzar resultados deportivos en un corto periodo de tiempo. Sin embargo, no existen evidencias empíricas que sugieran que un deportista que obtenga éxito en un deporte sea debido a las habilidades adquiridas por la participación en otras actividades deportivas. Esta sigue siendo una laguna, siendo más un concepto teórico, y siendo preciso que la investigación se desarrolle para conocer como se produce dicho proceso.

Evidentemente, este proceso de transferencia de talento, no se ha realizado de forma general, sino que se ha realizado a partir de detectar ciertas debilidades y necesidades en función del deporte y del género, es decir, se ha implementado en deportes con poca profundidad competitiva y donde el alcanzar el rendimiento era relativamente rápido (Vaeyens et al., 2009). En el caso de la operación Tall & Talented, es preciso observar que el baloncesto en Inglaterra no tiene ni la importancia ni la tradición que tiene aquí en España, en Inglaterra los deportes de equipo más importantes son el fútbol, el cricket, rugby union y rugby league. Pero, por qué no pensar nosotros de la misma manera y atraer jugadores de fútbol que no triunfen, o por qué no buscar en otros deportes como el voleibol, balonmano,... Pero es más, profundizando sobre el hecho de qué factores culturales (de carácter nacional, local o incluso a nivel de club) son considerados como determinantes del proceso de desarrollo del talento (e.g.; Stambulova & Alfermann, 2009; Storm, Kristoffer, & Krogh, 2012), ¿no podemos considerar que nuestro club (independientemente de dónde esté y en qué nivel compita) deba establecer un proceso de detección de jugadores diferentes al del otro club de la misma ciudad o de otra ciudad?. Y por tanto, ¿no será preciso realizar un correcto estudio previo de la realidad que nos rodea para ver dónde podemos encontrar posibles jugadores de baloncesto y aplicar estos conceptos?.

Según Vaeyens et al. (2009), esta transferencia del talento, unida a la valoración multidisciplinar de deportistas post-puberales, tiene una serie de ventajas como son:

Ofrecer una segunda oportunidad a los deportistas. Es decir, existen sujetos que en una especialidad deportiva no alcanzan el éxito, pero siguen manteniendo las capacidades fisiológicas y habilidades para poder utilizarlas en otros deportes (Gulbin, 2008).

Aumenta la posibilidad de éxito, ya que permite la entrada continua, a lo largo de todo el proceso, de nuevos talentos en los programas de desarrollo deportivo. E incluso, permite retener a deportistas dentro de dichos programas que después de haber invertido tiempo, esfuerzo y dinero en ellos, de otra forma se hubieran perdido.

Aumenta la posibilidad de recuperar la inversión realizada. Mientras que los programas tradicionales están basados en reclutar una gran cantidad de deportistas, grandes exigencias a lo largo del tiempo y una posibilidad de éxito muy baja (por ejemplo, España para conseguir una medalla olímpica necesita 18 deportistas olímpicos, mientras que en otros países como China necesitan tan sólo 5-6 deportistas); estas nuevas alternativas se caracterizan por un bajo número de sujetos, periodos más cortos de entrenamiento y, aparentemente, más posibilidades de éxito.

Reducción en la incertidumbre en el proceso de identificación del talento. Al realizarse las evaluaciones en edad post-puberal, dichas evaluaciones están menos influenciadas por las diferencias madurativas que si se hiciesen en edad pre-puberal (Vaeyens et al., 2008). El hecho de trabajar con deportistas mayores ofrece la oportunidad de reducir el tiempo necesario para obtener el éxito, y por tanto, las previsiones pueden aumentar su eficacia.

Del mismo modo, estos programas ofrecen ciertas dificultades para aplicarlos en todos los deportes, como pueden ser la naturaleza del deporte (deportes de rendimiento tardío frente a deportes de rendimiento precoz), la profundidad e implantación de dicho deporte (algunos deportes parece que pueden ser "deportes donantes", dado que manejan un mayor volumen de deportistas, mientras que otros deportes pueden ser "deportes receptores", dado que la implantación y el volumen de deportistas es menor) (Baker & Horton, 2004; Vaeyens et al., 2009). Al mismo tiempo, dichos factores reducen la posibilidad de ser un "deporte receptor" de deportistas ya maduros, a aquellos deportes que tienen una gran participación o que presentan un modelo formativo basado en una temprana especialización. Sin embargo, no podemos dejar de observar, que esta realidad es modificable en función de aspectos sociales y culturales que rodeen a cada realidad deportiva. Esta circunstancia es muy evidente en el caso del baloncesto y en España, ya que existiendo zonas o comunidades donde el baloncesto tiene una gran implantación social (e.g.; Cataluña, Madrid, Andalucía), existen otras comunidades donde no tiene tanta implantación (e.g.; Asturias, Cantabria, Extremadura).

CONCLUSIONES

Dada la evolución que está experimentando el deporte en general, y teniendo en cuenta los distintos factores que están afectando hoy en día a los procesos de detección y desarrollo del talento (Lorenzo, 2011), es necesario prever distintas estrategias para poder acceder a los deportistas, y diseñar un proceso formativo que tenga un porcentaje mayor de éxito. Por ello, es preciso conocer los argumentos que tradicionalmente han sustentado dicho proceso, pero también incorporar nuevas opciones en la búsqueda del talento deportivo. En este sentido, los conceptos de "matured-age talent identification" y "transfer talent" aportan nuevas soluciones mejorando el proceso de identificación del talento. Dichas ideas son aplicables al contexto del baloncesto, y es necesario diseñar mejor dicho proceso para que deje de ser algo espontáneo y pase a ser un proceso estructurado.

Es importante destacar que esto no consiste en una posición dicotómica o disruptiva, según la cual haya que optar por un modelo u otro. No. Debe ser entendido como nuevas alternativas, pero que a su vez siguen basándose también en los conceptos anteriores. Es decir, los deportistas citados anteriormente, siguen habiendo dedicado mucho tiempo y esfuerzo para poder alcanzar su rendimiento (como dice Kobe Bryant sobre Jeremy Lin: "los jugadores que juegan así de bien no suelen salir de la nada. Parece que salieran de la nada, pero si miras hacia atrás, su habilidad seguramente estuvo ahí desde el principio. Probablemente sólo pasó desapercibida)

La diferencia fundamental reside en el hecho de que frente a una detección temprana y un desarrollo especializado, con la más que probable pérdida de tiempo, dinero y deportistas, es posible realizar una detección tardía, lo que permite superar ciertas limitaciones del proceso, y un desarrollo diversificado, que aseguren una mayor rentabilidad del proceso.

Finalmente, es preciso señalar que las cuestiones de carácter cultural condicionan claramente el desarrollo del deportista y del deporte. Por ello, también es preciso observar que es necesario diseñar un proceso de detección y desarrollo del talento "ad hoc" para cada realidad. En el caso del baloncesto, es preciso observar la realidad del club deportivo en un contexto cultural (ciudad, comunidad, deporte, género) a la hora de diseñar los procesos de captación y selección de jugadores (operación altura, operación cantera,...).

REFERENCIAS BIBLIOGRÁFICAS

Baker, J., & Horton, S. (2004). A review of primary and secondary influences on sport expertise. *High Ability Studies, 15 (2),* 211-226.

Balyi, I., & Hamilton, A. (2004). *Long-Term Athlete Development: Trainability in Childhood and Adolescence. Windows of Opportunity. Optimal Trainability.* Victoria: National Coaching Institute British Columbia & Advanced Training and Performance Ltd.

Barreiros, A., Côté, J., & Fonseca, A.M. (2012). From early to adult sport success: Analysing athletes' progression in national squads. *European Journal of Sport Science,* DOI:10.1080/17461391.2012.671368.

Bloom, B. S. (1985). *Developing talent for young people.* New York: Ballantine.

Burgess, D.J., & Naugthon, G.A. (2010). Talent development in adolescent team sports: A review. *International Journal of Sports Physiology and Performance, 5,* 103-116.

Côté, J. (1999). The influence of the family in the development of talent in sport. *The Sport Psychologist, 13,* 395-417.

Côté, J. (2011). Cost-Benefit analysis of early specialization. Recuperado 6 de Agosto de 2011, de http://www.leedsmet.ac.uk/sport/NDinSC_-_Tues12thApril_at_1730_-_JEAN_COTE.pdf

Côté, J., Baker, J., & Abernethy, B. (2007). Play and practice in the development of sport expertise. En G. Tenenbaum & R.C. Eklund (Eds.), *Handbook of Sport Psychology.* Hoboken, NJ: John Wiley & Sons, 184-202.

Côté, J., Lidor, R., & Hackfort, D. (2009). ISSP Position Stand: To Sample or to Specialize? Seven Postulates about youth sport activities that leads to continue participation and elite performance. *International Journal of Sport and Exercise Psychology, 9,* 7-17.

English Institute of Sport (2012). Talent Identification. Recuperado de http://www.eis2win.co.uk/pages/Talent_Identification.aspx

Ericsson, K. A., Krampe, R., & Tesch-Römer, C. (1993). The role of deliberate practice in the acquisition of expert performance. *Phychological Review, 100(3),* 363-406.

Ericsson, K.A. (1996). *The road to excellence: The acquisition of expert performance in the arts and sciences, sports and games.* Hillsdale: Lawrence Erlbaum.

Ford, P.R., & Williams, A.M. (2012). The developmental activities engaged in by elite youth soccer players who progressed to professional status compared to those who did not. *Psychology of Sport and Exercise,* 13(3), 349-352.

Gulbin, J. (2006) Why deliberate practice isn´t enough? *Paper presented to the Symposium on "Dimensions of Performance",* Berlin, Alemania. Recuperado de www.icsspe.org/download/documente/sonstiges/Gulbin.doc

Gulbin, J. (2008). Identifying and developing sporting experts. En D. Farrow, J. Baker, & C. MacMahon (eds.), *Developing sport expertise.* Abingdon: Routledge, 60-72.

Güllich, A. (2007). Training – Support – Success: Control-related assumptions and empirical findings. Saarbruücken: University of the Saarland.

Güllich, A., & Emrich, E. (2006). Evaluation of the support of young athletes in the elite sport system. *European Journal of Sport and Society, 3(2),* 85-108.

Lorenzo, A., & Calleja, J. (2010). *Factores condicionantes del desarrollo deportivo.* Bilbao: Diputación Foral de Vizcaya.

Lorenzo, A. (2011). *Detección y Desarrollo del Talento Deportivo.* Ponencia presentada en el Congreso Internacional en Ciencias de la Actividad Física y del Deporte, Vitoria, España.

Oldenziel, K., Gagné, F., & Gulbin, J.P. (2004). Factors affectin the rate of athlete development from novice to senior elite: how applicable is the 10-year-rule?. Comunicación presentada en el *2004 Pre-Olympic Congress – "Sport Science Through the ages",* Thessaloniki, Grecia. Recuperado de http://cev.org.br/biblioteca/factors-affecting-the-rate-of-athlete-development-from-novice-to-senior-elite-how-applicable-is-the-10-year-rule/

Pearson, D.T., Naugthon, G.A., & Torode, M. (2006). Predictability of physiological testing and the role of maturation in talent identification for adolescent team sports. *Journal of Science and Medicine in Sport, 9,* 277-287.

Schumacher, Y.O., Mroz, R., Mueller, P., Schmid, A., & Ruecker, G. (2006). Succes in elite cycling: A prospective and retrospective analysis of race results. *Journal of Sports Sciences, 24(11),* 1149-1156.

Stambulova, N., & Alfermann, D. (2009). Putting culture into context: Cultural and cross-cultural perspectives in career development and transition research and practice. *International Journal of Sport and Exercise Psychology, 7,* 292-308. Retrieved from http://findarticles.com/p/articles/mi_7582/is_200909/ai_n39230690/?tag=content;col1

Storm, L. K., Kristoffer, H., & Krogh, C. M. (2012). Specialization pathways among elite Danish athletes: A look at the developmental model of sport participation from a cultural perspective. *International Journal of Sport Psychology, 43,* 199-222.

Strachan, L., Côté, J., & Deakin, J. (2009). "Specializers" versus "Samplers" in youth sport: comparing experiences and outcomes. *The Sport Psychologist, 23,* 77-92.

UK Sport (2012). Talent Sport – Talent ID – Past Campaigns. Recuperado de http://www.uksport.gov.uk/pages/past-campaigns/

Vaeyens, R., Güllich, A., Warr, Ch. R., & Philippaerts, R. (2009). Talent identification and promotion programmes of Olympic athletes. *Journal of Sports Sciences, 27(13),* 1367-1380.

Vaeyens, R., Lenoir, M., Williams, A.M., & Phillippaerts, R.M. (2008). Talent identification and development programmes in sport: current models and future directions. *Sports Medicine, 38(9),* 703-714.

ANÁLISIS VISUAL DEL TIEMPO-MOVIMIENTO EN EL BALONCESTO

Roberto Therón y Laura Casares
Departamento de Informática y Automática
Universidad de Salamanca

RESUMEN

El presente trabajo pretende facilitar la labor de entrenadores de baloncesto, mediante la visualización y análisis de los movimientos de los jugadores en la cancha de juego. Este estudio se lleva a cabo a través de dispositivos GPS que generan datos sobre el posicionamiento del jugador, prácticamente en tiempo real. De igual modo, es posible realizar un análisis de imágenes de vídeo para la obtención de la posición del balón en cada momento del juego.

El objetivo principal consiste en la introducción de un nuevo enfoque, de analítica visual, en el Análisis de tiempo-movimiento, complementario a otros métodos de análisis más clásicos. Se permite al usuario (entrenador o los propios jugadores) la realización de un seguimiento, tanto de parámetros físicos como tácticos, sobre un jugador de baloncesto después de la realización de una actividad física. La comparación de los datos obtenidos de varios jugadores o entre dos equipos también permite mejorar el rendimiento y la capacidad táctica de deportistas y entrenadores.

Hoy en día, una de las principales características de un entrenador de baloncesto es la memoria visual. A menudo tiene que ser capaz de recordar jugadas y situaciones de juego para su posterior análisis, lo que le permitirá estructurar las tácticas de su equipo. Descubrir o confirmar qué es lo que funciona y qué es lo falla se convierte en un gran reto mental, cuya fuente de información son los recuerdos (memoria visual) del entrenador. Normalmente, para hacer este trabajo, el entrenador analiza las estadísticas de los dos equipos con respecto a canastas convertidas, faltas personales, tiros libres y estadísticas similares (también se puede ayudar de grabaciones en vídeo de entrenamientos y partidos, anotaciones, y cualquier otro tipo de información disponible después del partido).

Nuestra propuesta tiene por objeto facilitar la labor de los entrenadores y avanzar en el estudio del baloncesto, ofreciendo la oportunidad de ver y analizar de forma detallada y en relación con diversos aspectos, los movimientos que los jugadores han hecho en el terreno de juego, y, por supuesto, sus implicaciones. Además, nuestro objetivo es ofrecer una herramienta avanzada tanto para el análisis estadístico y cinemático, a partir de los datos recogidos para cada uno de los jugadores, lo que supone una estimable material para abordar el seguimiento del rendimiento a lo largo de varios ejercicios físicos.

En nuestra propuesta, las principales fuentes de datos son dispositivos GPS que cada jugador puede portar individualmente sin que supongan un gran intromisión en el propio juego y que permiten la recolección de datos relativos a la posición en cada instante de cada jugador en la pista durante todo el partido o la práctica de ejercicio.

La comparación de los datos de varios jugadores o dos equipos son también aspectos que pueden ayudar a mejorar el rendimiento de los atletas.

El resto del trabajo se organiza de la siguiente manera: La sección 2 está dedicada a una breve revisión del estado actual de la investigación relacionada con el análisis de tiempo-movimiento en los deportes, sus métodos comunes y las oportunidades que las tecnologías actuales (GPS, análisis visual) pueden ofrecer a este campo. La sección 3 discute los modos de obtención de datos para ATM. La sección 4 presenta el enfoque de análisis visual interactivo para ATM. La sección 5 describe algunas de nuestras propuestas para habilitar el análisis visual interactivo para el baloncesto. Finalmente, la sección 6 contiene las conclusiones derivadas del trabajo.

ESTADO DEL ARTE

El Análisis de Tiempo-Movimiento (ATM de ahora en adelante) es un procedimiento analítico estándar para determinar el tiempo y energía invertidos en una actividad durante un periodo de tiempo (Gross, 1984). Mediante este procedimiento se recopilan y cuantifican los diversos patrones de movimiento involucrados en situaciones deportivas, tales como velocidades, duraciones o distancias (Dobson y Keogh, 2007). De esta manera, obtenemos información valiosa sobre el uso de los sistemas energéticos, y sobre los patrones de movimientos específicos de cada deporte (Taylor, 2003). En particular, el ATM se ha utilizado en varios disciplinas, desde el rugby (Meir et al., 1996; McLean, 1992), pasando por el fútbol (Keane, 1996; Mohr et al., 2003; Mayhew y Wegner, 1985) y el hockey (Lothian y Farrally, 1994; Lafontaine et al., 1998), hasta el baloncesto (McInnes et al., 1995; Taylor, 2003).

El ATM suele generar grandes cantidades de datos. Por ejemplo, la recopilación de datos de posición cada segundo para los jugadores de ambos equipos en un partido de baloncesto generaría más de 20.000 posiciones, sin contar datos sobre velocidad, dirección, frecuencias cardíacas, etc. La inspección e interpretación de estos datos mediante técnicas convencionales (listas numéricas, generación de informes, etc.) es, por tanto, a menudo complicada y tediosa.

El Análisis Visual de la Información (Thomas y Cook, 2005) nos ofrece una metodología que apoya mediante la visualización de la información el proceso cognitivo de análisis de datos y toma de decisiones. Fundamentado en distintas ramas, tales como la psicología del razonamiento y de la percepción, el diseño, la estética, la minería de datos, la interacción hombre-máquina o la visualización de la información, el análisis visual permite aligerar la carga cognitiva del análisis de grandes volúmenes de datos mediante la incorporación de la inteligencia perceptiva al proceso de razonamiento abstracto. El estado del arte sobre ATM no suele cubrir los aspectos de inspección visual de resultados, centrándose en la obtención y validación de los datos, y su posterior interpretación por métodos convencionales o representaciones simples. El análisis visual puede facilitar y acelerar enormemente la comprensión de los datos obtenidos mediante ATM. Incluso, y gracias también a la evolución de los dispositivos tecnológicos necesarios para la adquisición de datos, el ATM puede volverse útil no sólo como medio de análisis del rendimiento a posteriori, si no como herramienta para el análisis y la toma de decisiones en tiempo real durante la celebración de partidos u otros eventos deportivos.

MÉTODOS PARA EL ANÁLISIS DE TIEMPO-MOVIMIENTO

Básicamente, hay dos modos de obtener datos para ATM, los sistemas de vídeo, que son con gran diferencia los más utilizados; y los sistemas de posicionamiento global (GPS). Respecto a los primeros, se utilizan varias cámaras, situadas a una altura y distancia del terreno de juego variable (para el caso del baloncesto y otros deportes con pistas pequeñas, como el tenis, la altura está entre 1 y 5 m y la distancia de la pista entre 2 y 10 m).

El segundo método ha sido menos utilizado hasta ahora ya que la precisión era bastante baja (en el caso de posiciones, varios metros de error). Sin embargo, gracias al desarrollo de GPS diferenciales (d-GPS), que utilizan una o más estaciones adicionales de referencia en el suelo (en GPS tradicional sólo se usan estaciones de referencias en satélites), la precisión aumenta considerablemente (Witte y Wilson, 2004).

La tecnología de GPS se ha adaptado en los últimos años para servir de herramienta de entrenamiento, mejorando su portabilidad y generando datos útiles para el deportista (distancia recorrida, velocidades, etc.) pero operando por lo demás como un GPS normal, generando datos al menos a 1Hz (una vez por segundo). Generalmente se ha venido utilizando en deportes que cubren distancias largas de entrenamiento, tales como la marcha o el ciclismo, aunque también han sido utilizados (y su precisión validada) para ejercicios de corta distancia (Castellano et al., 2011). Este avance de la tecnología también ha dado lugar a literatura relacionada con la locomoción humana en general (Terrier y Schutz, 2005).

En ambos métodos, además de los datos propios del ATM, suelen monitorizarse datos biológicos, típicamente la frecuencia cardíaca del deportista.

ANÁLISIS VISUAL DE DATOS Y ATM

El Análisis Visual de Datos busca facilitar el proceso de análisis apoyándose en representaciones interactivas de los datos. Existen varios modelos genéricos de razonamiento que integran la visualización, minería de datos e interacción (Keim, 2008; Fry, 2004) y que pueden adaptarse a problemas concretos como el ATM en baloncesto. En particular, el análisis visual se ha aplicado a campos en los que se generan volúmenes de datos muy grandes, por ejemplo la biología, donde tenemos conjuntos de datos tales como los datos de expresión génica, con decenas de miles de genes bajo cientos de condiciones (Santamaría, 2008), o la navegación de genomas completos [Schazt et al., 2007] y la geología (Theron, 2006).

No hemos encontrado ejemplos de aplicación de estos modelos de manera explícita y sistemática a problemas de ATM en la literatura. Sin embargo, existen aplicaciones básicas para la representación de datos que se suministran con tecnologías ATM para distintos deportes. Por ejemplo, RealTrack (www.realtrackfootball.com) ofrece cuatro módulos que cubren 1) la representación gráfica básica de la frecuencia cardíaca, 2) la monitorización de datos cinemáticos, 3) cálculo de relaciones posicionales entre jugadores y su representación gráfica y 4) un módulo de video que permite navegar los datos recopilados a través del tiempo. Especialmente en el fútbol, muchos sistemas similares a RealTrack se han desarrollado en los últimos años (para una revisión, consultar (Carling et al., 2008). En esta misma línea, Realtracksystems ha desarrollado su propio dispositivo, denominado wimu, para la adquisición de toda la información fundamental durante la realización del ejercicio físico para su monitorización, al que acompaña de un software, qüiko, basado en la representación de líneas temporales para el análisis de las distintas variables monitorizadas.

Estos sistemas ofrecen técnicas de visualización que se están convirtiendo en estándares en el campo del ATM, pero generalmente estas visualizaciones están aisladas unas de otras, dificultando la integración del conocimiento y tienen interfaces limitadas, lo que disminuye la velocidad del flujo de razonamiento. Una aproximación basada en el análisis visual mejoraría la capacidad cognitiva del deportista o entrenador para tomar decisiones sobre el entrenamiento o táctica a seguir, revelando conocimiento adicional sobre el problema.

¿Qué puede ofrecer la ciencia de analítica visual al ATM?

El grueso de la literatura científica relacionada con el ATM aborda sus objetos de estudio usando técnicas clásicas procedentes de la Estadística. De igual modo, la gran mayoría de los trabajos en que se usa algún modo de representación para los datos disponibles se basa en técnicas clásicas (como es el caso de las mencionadas líneas temporales). Sin embargo, desde la década de los 90, se ha venido desarrollando una intensa labor de investigación en el campo de la Visualización de la Información (Infovis). Este campo se ha ocupado, en un primer momento, en establecer una serie de nuevas formas de representación para la mejor comprensión de fenómenos físicos y datos abstractos, partiendo del uso de los ordenadores para procesar y transformar la información (generalmente datos abstractos) en elementos visuales que permitan a los usuarios comprender dicha información mediante su sistema visual. Sin embargo, un aspecto fundamental, que puede pasar desapercibido, es que dichas representaciones están desarrolladas con el objetivo de amplificar el proceso cognitivo a través de la información, lo cual se consigue no sólo a través de mejores representaciones para cada caso, si no que tienen muy en cuenta las interacciones que el usuario puede realizar con dichas representaciones para ayudarles a una mejor comprensión del fenómeno analizado. La interacción con el usuario representa un aspecto trascendental en las visualizaciones de datos. En Infovis, la interacción está dada por interfaces gráficas avanzadas, que permiten acceder, explorar y visualizar la información, independientemente de los elementos gráficos comunes de interacción o controles de la interfaz gráfica del usuario (Sharp et al., 2007).

En otras palabras, el enfoque de visualización de la información, puede aportar al ATM nuevas formas visuales de representar los datos analizados, más allá de técnicas clásicas, pensadas para proporcionar una mejor comprensión del fenómeno analizado, a través de la interacción con las mismas. En el caso del baloncesto, un enfoque clásico podría ser la representación en una línea de tiempo de la frecuencia cardiaca de los jugadores. Un enfoque desde la visualización de la información trataría de proponer una forma de representación interactiva, posiblemente con diferentes vistas para otras variables monitorizadas, de forma que el analista podría centrar su atención en períodos concretos de tiempo (lanzamientos de tiros libres), filtrar datos (centrarse sólo en datos de aleros), relacionar vistas (frecuencia cardiaca más alta en determinadas zonas de la pista), etc.

El campo denominado Analítica Visual se ha desarrollado principalmente desde mediados de la primera década del s. XXI. Se trata de un campo multidisciplinar dedicado a la propuesta y desarrollo de diversas técnicas de razonamiento analítico, representaciones visuales y de interacción, así como una serie de transformaciones de datos (Thomas y Cook, 2005). El aspecto diferencial de esta nueva área de investigación es un planteamiento en el que el usuario destaca como punto central del proceso de análisis, y, por tanto, las herramientas que se desarrollan tratan de que este analista pueda explotar sus magníficas habilidades cognitivas (reconocimiento de patrones, pre-atención, creatividad, etc.), que aún no son accesibles para los ordenadores. Por otro lado, el volumen de datos que los dispositivos tecnológicos actuales son capaces de generar es tan grande que es directamente inabordable para los humanos, quienes tienen que recurrir a técnicas matemáticas para poder obtener algún resultado interpretable. En esta faceta son los ordenadores los que ofrecen unas capacidades de procesamiento fuera del alcance de los humanos. Así, la Analítica Visual trata de tomar lo mejor de ambos (analistas humanos y ordenadores) y ha sido definida como la ciencia del razonamiento analítico soportado por interfaces visuales altamente interactivas (Thomas y Cook, 2005).

Usando un enfoque de Analítica Visual se puede ofrecer una herramienta de análisis que, por ejemplo, a partir de los datos de posición de los jugadores de ambos equipos durante todo un partido, genere una representación dinámica e interactiva, que permita a un analista detectar a simple vista un error recurrente en el planteamiento de una táctica de equipo. Para ello se requieren tres elementos: 1) captura de las posiciones de los jugadores; 2) Procesamiento de esas posiciones para calcular, por ejemplo, las áreas cubiertas por 3, 4 o 5 jugadores o los cambios de ritmo en determinados fragmentos del partido; y 3) Una representación interactiva que permita al analista observar el comportamiento global, detectar fácilmente situaciones anómalas, filtrar datos representados que sean irrelevantes para la situación que desea analizar, etc.

Precisamente, tratando de ofrecer una herramienta que permita al usuario responder a este tipo de preguntas, se desarrolló la herramienta de ATM para el baloncesto (Therón y Casares, 2010), que se describe en las siguientes secciones. Finalmente, cabe destacar que típicamente, algunas preguntas surgirán durante el análisis, una vez que el analista se enfrenta a los datos (a través de las representaciones), y que, por tanto, ni siquiera el propio analista sabía que tenía; sin embargo, las herramientas deben estar provistas de los mecanismos de interacción y adaptación de las representaciones para que sean capaces de responder a tales preguntas, adaptándose, por tanto, al flujo del razonamiento analítico.

Soporte visual interactivo para ATM en baloncesto

En esta sección se describen algunas de las propuestas para el análisis visual interactivo del juego de baloncesto que hemos desarrollado.

Una vez realizado el entrenamiento o después de un partido, el usuario tiene disponibles los datos procedentes del dispositivo GPS. Para un correcto análisis, y sólo para uno de los jugadores, se realizará una orientación de las datos de posición que permitirá ajustar las coordenadas recibidas de los dispositivos GPS a la pista de juego (Fig. 1). Las coordenadas se pueden rotar y trasladar horizontal y verticalmente para un mejor ajuste de las misma. Todos los datos de los demás jugadores del mismo análisis serán adaptados de forma automática.

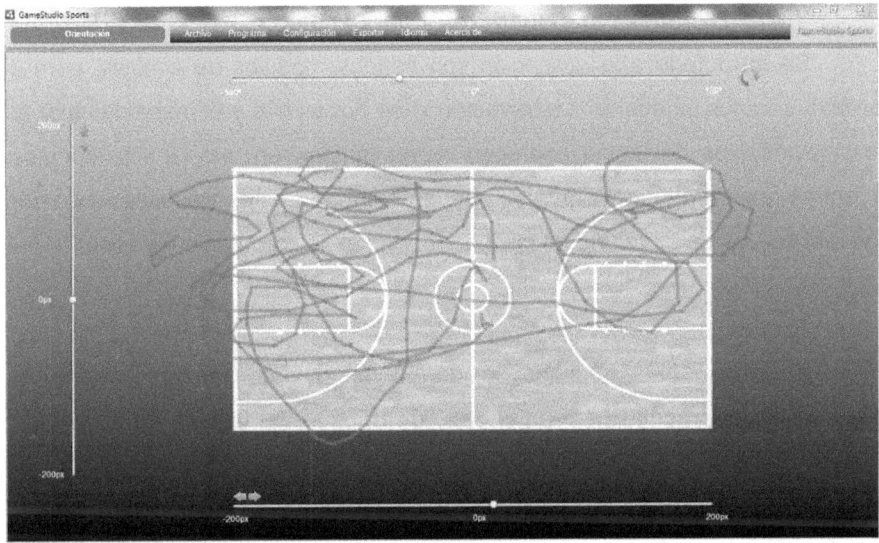

Figura 1. Orientación de Coordenadas

El otro elemento de interés para el análisis del juego es el balón. La herramienta desarrollada cuenta con un módulo que se encarga del seguimiento del balón a través del análisis de las imágenes grabadas por las cámaras de video durante un ejercicio físico. El usuario podrá comprobar los resultados obtenidos durante la captura del balón y en su correspondiente representación de los movimientos en la aplicación.

Figura 2. Detección del Balón

Visualizaciones para jugadores y para el balón

Se ha dotado a la aplicación con sendos módulos de análisis, para el balón y para los jugadores: La trayectoria, las posiciones y el mapa de calor de los movimientos del balón aparecen representados en uno de los módulos, mientras que en el otro módulo se pueden comparar estas visualizaciones con las respectivas de cada uno de los jugadores que se estudian en la aplicación.

Táctica

El usuario deberá indicar los jugadores que comienzan jugando, es decir, los jugadores titulares, en el caso de tratarse del estudio de un partido. Por el contrario, si se trata del estudio de un entrenamiento, el usuario normalmente seleccionará todos los jugadores. La aplicación mostrará la interfaz (Fig. 3), mediante la cual el usuario contará con todas las posibilidades de estudio de los movimientos de los jugadores introducidos.

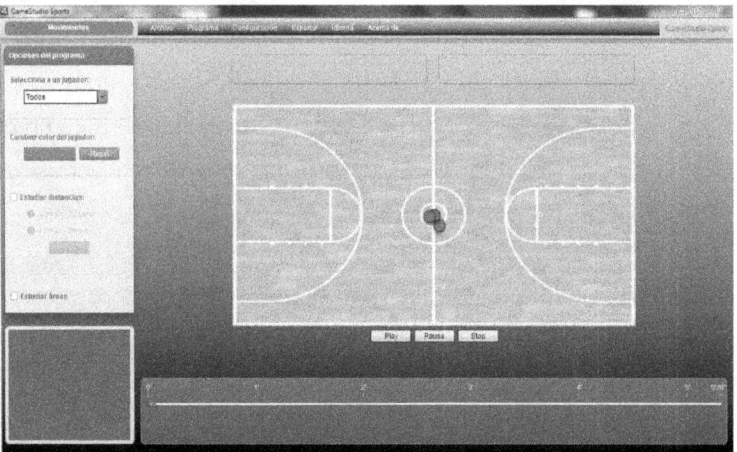

Figura 3. Estado inicial del análisis de movimientos

Esta es la vista donde se van a representar los movimientos reales de los jugadores. En la pista aparecerá un círculo, con su respectivo número, que representa a cada jugador. Algunas de las opciones de análisis disponibles son las siguientes: Estudio de distancias, Estudio del área, Control de la línea de tiempo, Inserción de cambios de jugador.

Estudio de distancias

Es posible estudiar distancias entre dos jugadores o entre un jugador y un punto de la pista (Fig. 4). De forma interactiva, se pueden asignar las distancias que se quieren analizar, de modo que se puede reproducir (usando el control de la línea de tiempo) un fragmento o todo el partido o entrenamiento con una indicación en todo momento de los valores de las distancias que se estén estudiando.

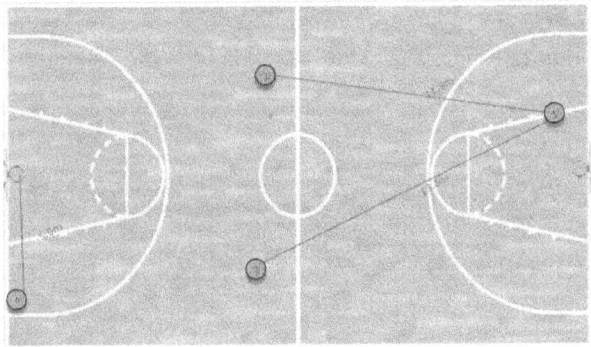

Figura 4. Representación de las distancias en la pista

Estudio del área

De forma análoga, se ha desarrollado una vista que permite al usuario estudiar el área formada entre 3, 4 o 5 jugadores durante el desarrollo de sus movimientos (Fig. 5).

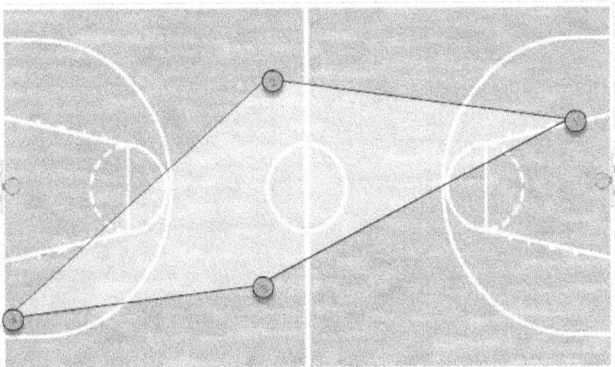

Figura 5. Representación del área en la pista

Ataque y Defensa

En este módulo se estudiará el tiempo que cada jugador ha estado atacando o defendiendo de una manera estática o dinámica que dependa de un cierto tiempo de posesión. Se distingue entre vista estática y vista dinámica.

Vista Estática: el analista puede determinar cuál será considerado el campo de ataque: el medio campo de la izquierda o el medio campo de la derecha. A continuación, determinará el intervalo de tiempo en el cual se quiere realizar el estudio y los jugadores sobre los cuales se quiere conocer este dato. De esta forma, la aplicación generará un informe como el que se muestra en la Fig. 6, y en la cual aparece el tiempo que ha dedicado cada jugador a cada faceta del juego.

Figura 6. Ataque y Defensa Estático

Vista Dinámica: De forma análoga al caso de la vista estática, una vez determinados el campo de ataque y el intervalo de tiempo sobre el cual se quiere realizar el estudio, se genera un informe (Fig. 7) en el que aparece la representación del movimiento de los jugadores atacando o defendiendo, según le corresponda en ese segundo de posesión. La aplicación lleva un control de tiempo incorporado de forma que es capaz de determinar cuando la posesión del balón cambia de equipo o si un jugador ha permanecido tres segundos en zona en algún momento del juego.

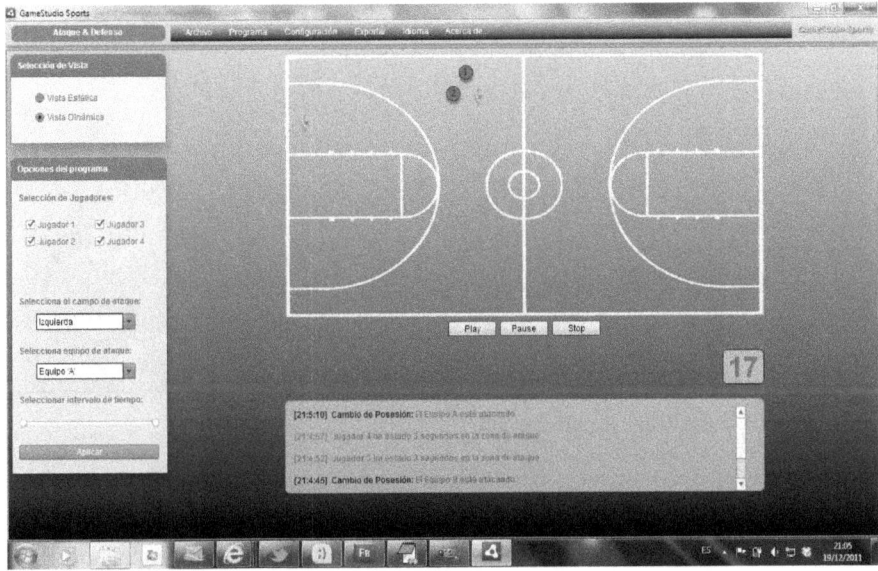

Figura 7. Ataque y Defensa Dinámico

Estudio de zonas

Finalmente, dentro de la parte de análisis de táctica, la herramienta puede calcular los segundos que el jugador ha estado dentro de una determinada zona de juego. Para conocer estos datos, el usuario tendrá que seleccionar alguna de las zonas preconfiguradas (media pista, calle central, zona de triples, etc.) y automáticamente aparecerán representados los puntos exactos visitados por el jugador y una estadística numérica de los tiempos transcurridos dentro y fuera de la zona seleccionada (Fig. 8).

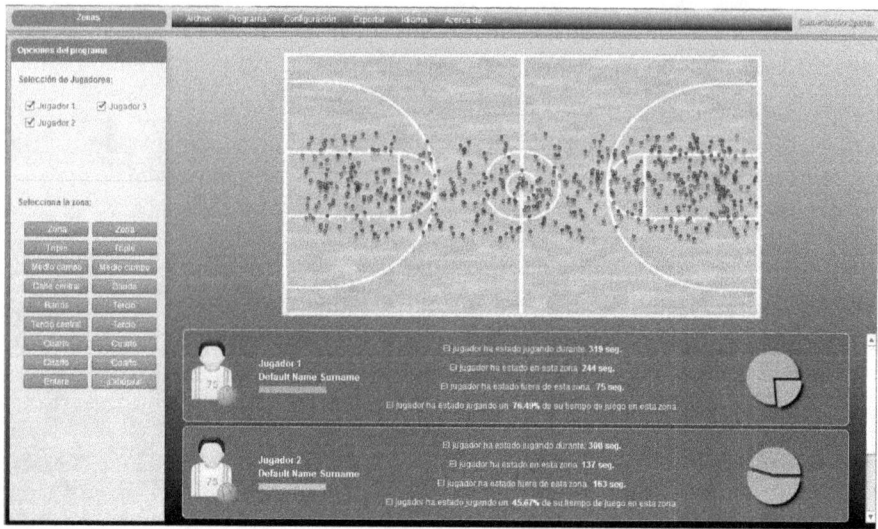

Figura 8. Estudio de las zonas

Además, si el usuario lo requiere, puede definir una zona cualquiera del campo que se adapte a las necesidades del análisis que esté realizando (Fig. 9).

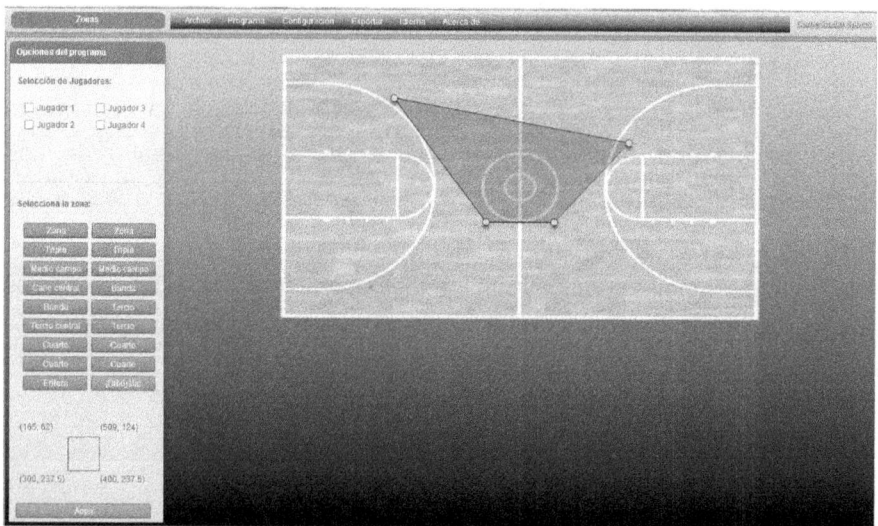

Figura 9. Estudio de una zona personal

Visualizaciones

Vista Trayectoria

En esta vista se representa la trayectoria seguida por cada jugador analizado durante el desarrollo de todo el ejercicio físico. Su representación será la de una línea que recorrerá todos los puntos visitados por el jugador (Fig. 10). Para una mayor capacidad de análisis, es posible representar simultáneamente las trayectorias de todos los jugadores (asignando un color diferente a cada uno) y determinar los períodos de tiempo que se quieren analizar.

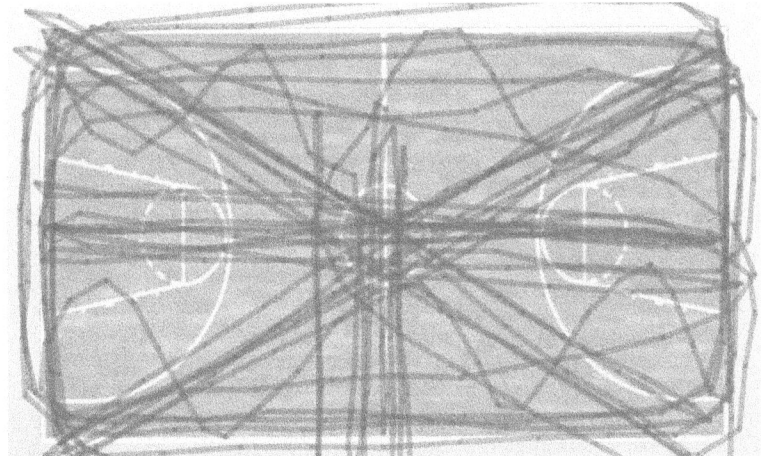

Figura 10. Representación de la pista en la vista "Trayectoria"

Vista Cambios de ritmo

Es posible la representación de las distintas velocidades alcanzadas por el jugador en cada tramo de su trayectoria. Las velocidades aparecen divididas en 5 intervalos inicialmente: (0 a 4 km/h, 4.1 a 7 km/h, 7.1 a 10 km/h, 10.1 a 14 km/h y mayores de 14 km/h). Cada intervalo de velocidad se representará con una intensidad/tonalidad distinta, de manera que las velocidades menores tendrán colores más claros, mientras que las velocidades mayores tendrán colores más oscuros (Fig. 11).

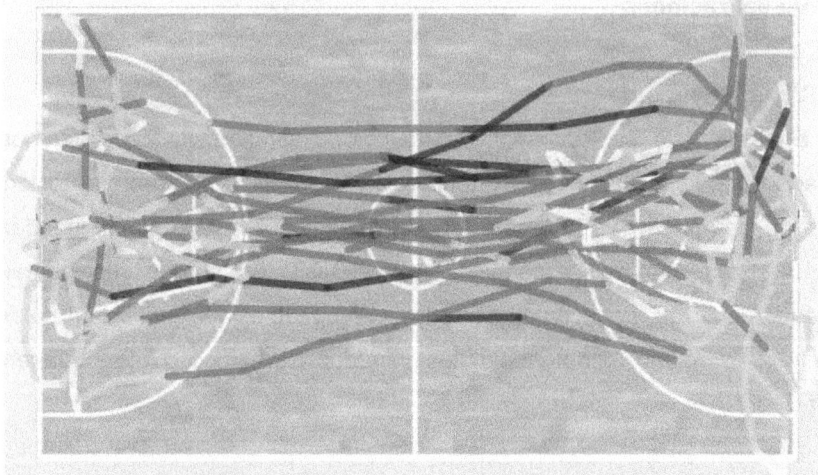

Figura 11. Representación de la pista en la vista "Cambios de ritmo"

Vista Posiciones

Es posible analizar cada punto de la pista dónde ha estado el jugador durante la realización del ejercicio (Fig. 12). Es posible asignar colores a jugadores y filtrar datos para facilitar el análisis.

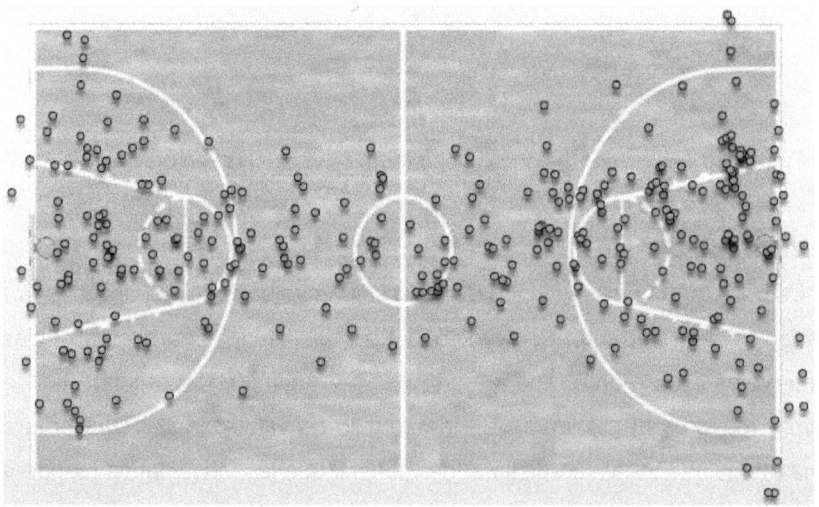

Figura 12. Representación de la pista en la vista Posiciones

Vista HeatMap

Como su sombre indica, se muestra el mapa de calor que representa la ocupación de la pista de cada uno de los jugadores (Fig. 13). También se adapta a las necesidades del análisis de forma similar a las otras vistas.

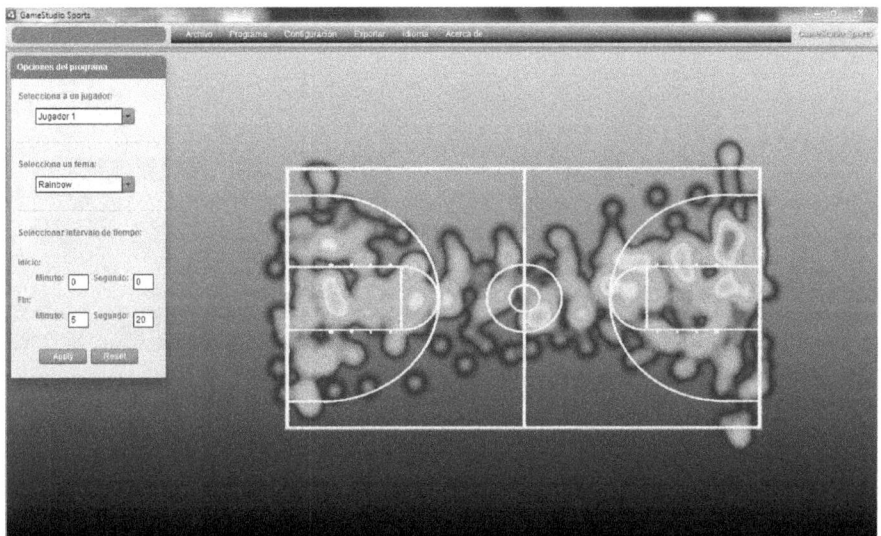

Figura 13. Estudio de Mapas de Calor

Vista Intensidad

En este módulo se pretende que el usuario pueda realizar un seguimiento de la intensidad y el rendimiento que han tenido los jugadores durante la realización del ejercicio físico. Si se dispone de datos personales de los jugadores, en esta vista se refleja la frecuencia cardiaca de los jugadores teniendo en cuenta su edad y su peso. Esta vista usa un modo de reproducción en el que aparecerán los jugadores representados en la pista realizando sus respectivos movimientos e irán variando su color, dependiendo de la intensidad con la que esté jugando en ese momento (Fig. 14).

Figura 14. Estudio de la Intensidad

CONCLUSIONES

En este trabajo se ha mostrado como usando un enfoque menos convencional, en el que se prima las necesidades de análisis de un experto, proporcionándole formas de acceso a los datos visuales e interactivas, es posible profundizar en el ATM en el juego del baloncesto. Éste supone una primera aproximación y los *excelentes*s resultados abren enormes posibilidades de futuro que contribuirán a favorecer un mejor rendimiento de los jugadores, tanto a nivel individual como de equipo, así como constituir una potente herramienta en manos de entrenadores y preparadores físicos.

REFERENCIAS BIBLIOGRÁFICAS.

Carling, C. et al. (2008) The Role of Motion Analysis in Elite Soccer. Sports Med. 38 (10), 839-862.
Castellano, J. et al. (2011) Reliability and accuracy of 10 Hz GPS devices for short-distance exercise, Journal of Sports Science and Medicine, 10, 233-234.
Dobson, B. P. y Keogh, J . W. L. (2007) Methodological Issues for the Application of Time-Motion Analysis Research. Strength and Conditioning Journal, 29(2), 48-55
Fry, B. (2004) Computational Information Design. Tesis Doctoral. Massachussets Institute of Technology. 170 páginas.

Gross, D. R. (1984) Time Allocation: A Tool for the Study of Cultural Behavior. Ann. Rev. Anthropol. 1984. 519-558

Keane, S. (1996) Analysis of work rates in Gaelic football. Aust. J. Sci. Med. Sport. 25, 100-102.

Keim, D. A et al. (2008). Visual Analytics: Scope and Challenges en Springer (ed.). Lecture Notes In Computer Science, Visual Data Mining. Berlin/Heidelberg. Springer Verlag. 76-90.

Lafontaine, D. Et al. (1998), K. Time-motion analysis of ice-hockey skills during games, en: H.J. Riehle and M. Vieten (eds.). ISBS 98: XVI International Symposium on Biomechanics in Sports. Konstanz, Germany. International Society for Biomechanics of Sports. 481-484.

Lothian, F. y Farrally, M. (1994) A time-motion analysis of women's hockey. J. Hum. Movement Stud. 26, 255-265.

Mayhew, S.R., y H.A. Wegner (1985). Time-motion analysis of professional soccer. J. Hum. Movement Stud. 11, 49-52.

McInnes et al. (1995). The Physiological load imposed on basketball players during competitions. J. Sports Sci. 13, 519-528.

Mc Lean, D.A. (1992) Analysis of the physical demands of international rugby union. J. Sports Sc 22, 285-296.

Meir, R. et al. (1996) Time and motion analysis of professional rugby league: A case study. Str. Cond. Coach, 1-5.

Mohr, M. et al. (2003) Match performance of high-standard soccer players with special reference to development of fatigue. J. Sports Sci. 21, 519-528

Santamaría, R., Therón, R., Quintales, L. (2008) A visual analytics approach for understanding biclustering results from microarray data. BMC Bioinformatics. 9. 247. doi:10.1186/1471-2105-9-247

Schatz, M.C. et al. (2007) Hawkeye: an interactive visual analytics tool for genome assemblies Genome Biology. 8. 2007.

Sharp, H. et al. (2007). Interaction design : beyond human-computer interaction. Wiley & Sons Ltd., second edition, 2007.

Taylor, J. (2003) Basketball: Applying time motion data to conditioning. Strengh. Cond, 25(2). J. 57-64.

Terrier, P. y Schutz Y (2005). How useful is satellite positioning system (GPS) to track gait parameters? A review. J. Neuroengineering Rehabil. 2,

Theron, R. (2006) Visual Analytics of Paleoceanographic Conditions, Visual Analytics Science And Technology, 2006 IEEE Symposium On , pp.19-26, doi: 10.1109/VAST.2006.261452

Theron, R. y Casares, L. (2010) Visual Analysis of Time-Motion in Basketball Games. Smart Graphics Lecture Notes in Computer Science, 6133/2010, 196-207, DOI: 10.1007/978-3-642-13544-6_19

Thomas, J. J. y Cook, K.A. (2005) Illuminating the Path: The Research and Development Agenda for Visual Analytics. Estados Unidos. National Visualization and Analytics Center. 2005. 190 páginas.

Witte, T.H., Wilson A. M. (2004) Accuracy of non-differential GPS for the determination of speed over ground. J. Biomech. 37, 1891-1898.

EL BALONCESTO, UN DEPORTE GENUINAMENTE AMERICANO

Conrad Vilanou Torrano
Universidad de Barcelona

Un prestigioso historiador –Fritz Stern recogiendo un comentario de Raymond Aron– ha dejado constancia de que el siglo XX, que había de ser el siglo de Alemania se convirtió, finalmente, en el siglo de los Estados Unidos (Stern, 2003: 18). Con todo, Alemania organizó los Juegos Olímpicos de 1936, donde el baloncesto fue admitido por primera vez, después de haber tenido la condición de exhibición en los Juegos de 1904 (San Luis). Por su parte, el baloncesto femenino ingresó en el calendario olímpico el 1976, en los Juegos de Montreal, es decir, cuando se celebraron en el Canadá, país que jugó el partido de la final olímpica masculina en Berlín el año 1936 contra los Estados Unidos.

No por azar, James Naismith –pastor presbiteriano que lo inventó en 1891 cuando trabajaba en el colegio de Springfield del YMCA– asistió, junto a su esposa, al certamen berlinés, librando la medalla de oro a los representantes de la selección de su país. Poco después, Naismith –nacido en 1861 y considerado una especie de «Tom Brown» americano– fallecía el 28 de noviembre de 1939, cuarenta y ocho años después de haber puesto en marcha el baloncesto. Cuando el barón Pierre de Coubertin dio cuenta de su viaje comparatista a América (Universités transatlantiques, 1890) todavía no se practicaba, ya que fue creado al año siguiente.

Quizás sea oportuno recordar que Hitler pensaba que los Juegos de 1940 habían de realizarse en el Japón, para volver en 1944 a Alemania, país del que no habrían de moverse. El eje cultural entre la Grecia clásica y la Germania del III Reich, entre Olimpia y Berlín, entre la cultura dórica y el ultranacionalismo teutónico, quedaba sellado con el traslado del fuego olímpico en una ceremonia diseñada por Carl Diem que fue el promotor de aquellos Juegos que –en un principio– no generaron el entusiasmo de los líderes nazis, pero que sirvieron para fortalecer la imagen exterior del régimen nacionalsocialista. Se dice que las tropas americanas para detectar posibles soldados alemanes infiltrados entre sus líneas planteaban en los interrogatorios cuestiones referentes a las ligas de béisbol, lo cual confirma la hegemonía de aquel deporte que sirvió de modelo para el ulterior desarrollo del baloncesto, cuando al concluir la Segunda Guerra Mundial la NBA se puso en marcha. De alguna manera, el béisbol substituyó al cricket que los pioneros habían importado de la vieja Inglaterra.

Sea como fuere, la primera final olímpica de baloncesto entre Estados Unidos y Canadá, con un parco resultado de 19 a 8, puso de manifiesto algo bien evidente: que el baloncesto –nacido a las puertas del siglo XX, el siglo del deporte, según François Mauriac– es un deporte genuinamente americano que se ha universalizado, triunfando sobre todo en Europa. Tal difusión no se ha producido, por ejemplo, con el béisbol –el deporte que contribuyó a la unificación de los Estados Unidos al concluir la Guerra Civil, después del activo papel del general Abner Doubleday al codificar las reglas– que, habiendo sido olímpico en cinco Juegos consecutivos –entre Barcelona (1992) y Pequín (2008)– ha perdido esta condición en la última cita londinense (2012).

Cabe añadir que entre los equipos de la NBA contamos con el Toronto Raptors, circunstancia que aunque anecdótica no deja de traslucir la importancia del Canadá en la génesis del baloncesto. No hay que decir que la ciudad de Toronto, a pesar de su condición de canadiense, pertenece a la zona de los Grandes Lagos que concita uno de los emporios de mayor riqueza de los Estados Unidos. También allí se reúnen, por consiguiente, un buen número de equipos de la NBA (Bulls, Pistons, Bucks) que no encontramos en territorios más empobrecidos como Kansas, Nebraska y las dos Dakota. Bien mirado, la historia de ambas naciones –los Estados Unidos y Canadá– marcha en paralelo con muchos puntos de contacto y coincidencias. Además, James Naismith era de origen canadiense, y el lugar del invento, Springfield, se encuentra en el estado de Massachusetts, que forma parte de Nueva Inglaterra junto con los estados de Maine, New Hampshire, Vermont, Rhode Island y Connecticut. «La primera Universidad americana, Harvard College, fue establecida en Massachusetts. Igualmente en Massachusetts fue donde desembarcaron –el 21 de diciembre de 1620– los más famosos colonizadores de los Estados Unidos, los "Peregrinos" del Mayflower » (Cartier, 1963: 513).

En realidad, Estados Unidos –salvo alguna contada excepción (Munich, 1972; Moscú, 1980; Seúl, 1988; Atenas, 2004)– han sido los absolutos denominadores del baloncesto olímpico. Y ello sin tener en cuenta que a algunas de estas citas –por ejemplo, Moscú 1980– los americanos no acudieron por su boicot político, que los soviéticos repitieron en Los Ángeles (1984), lo que facilitó que España consiguiera la medalla de plata. Sin embargo, el deporte a partir de 1989 –con la caída del muro de Berlín– abandonó los vaivenes de la Guerra Fría para convertirse, con los Juegos Olímpicos de Barcelona (1992) en el mayor espectáculo del mundo. Tanto es así que en la ciudad Condal las grandes estrellas de la NBA se estrenaban en un evento de esta índole formando aquel «Dream Team» con Magic Johnson, Larry Bird, Scottie Pippen, John Stockton, Charles Barkley o Michael Jordan. La consabida distinción entre deporte amateur y deporte profesional –que había obligado a que los jugadores universitarios norteamericanos suplantasen a los jugadores profesionales en las competiciones olímpicas– pasaba a ser una antigualla del pasado.

Por tanto, el baloncesto adquiría la condición de un espectáculo mediático de primera magnitud y sus estrellas –sobre todo, las norteamericanas– se hacían familiares a todos los públicos del planeta. En poco más de un siglo, entre 1891 –fecha de la aparición del baloncesto en Springfield (Massachusetts), ciudad en que Charles Goodyear inventó la vulcanización del caucho en 1844 que tanto favoreció el bote de las pelotas– y 1992 –momento de los Juegos Olímpicos de Barcelona– el baloncesto había conseguido una notoriedad fuera de lo común, convirtiéndose en una especie de universal lúdico y deportivo. De hecho, el seguimiento a los jugadores de baloncesto constituye una especie de culto a la persona que supera la fidelidad del aficionado a cualquier equipo o franquicia determinada que así pasa a ocupar un segundo plano. En cualquier caso, este culto a la persona no sólo ha afectado a los grandes jugadores profesionales sino también a los jugadores callejeros que han practicado el baloncesto en los parques (streetball). Quizás el caso más conocido sea el de Earl Manigualt, héroe del Rucker Park de

Harlem, cuya vida ciertamente accidentada fue llevada a la pantalla hace unos años: The legend of Earl «The Goat» Manigault (1996).

Los Estados Unidos, más que una nación

Resulta patente que el protagonismo de los Estados Unidos ha ido creciendo a lo largo del siglo XX, especialmente a partir de su participación en la Primera Guerra Mundial en 1917, que sirvió para que llegaran a Europa algunos de los elementos característicos del modo de vida americano. En este sentido, conviene señalar que entre los deportes que practicaban los soldados destacaban el baloncesto y el balonvolea, surgidos a fines del siglo XIX en el ambiente colegial del YMCA, una organización nacida en Londres en 1844 por iniciativa de George Williams del King's College (Cambridge) con una inequívoca voluntad ecuménica. No en balde, los doce miembros que intervinieron en su fundación estaban repartidos entre diferentes confesiones: anglicanos, metodistas, baptistas y congregacionistas, en una proporción de tres miembros por cada una de ellas.

En 1855 nacía en Inglaterra la branca femenina de la organización bajo las siglas de YWCA (Young Women's Christian Association). También en aquel año de 1855 se acordaron en París las bases del movimiento que, entre otros aspectos, declaraba cual era su finalidad: «The Young Men's Christian Associations seek to unite those young men, who, regarding the Lord Jesus Christ as their God and Saviour according to the Holy Scriptures, desire to be His disciples in their doctrine and in their life, and to associate their efforts for the extension of His Kingdom amongst young men».

El movimiento se propagó rápidamente por todo el mundo y encontró audiencia en diversas ciudades, porque la formación de la juventud constituía un fenómeno metropolitano. De buenas a primeras, procede traer a colación el nombre de Henri Dunant, secretario del YMCA de Ginebra –la ciudad puritana por *excelencia*, donde Calvino sentó las bases de su doctrina (Zweig, 2001)– que promovió la creación de la Cruz Roja Internacional (1863) y la Convención de Ginebra (1864), siendo recompensado con el Premio Nobel de la Paz en 1901, primer año de su concesión. En suma, el YMCA pronto dio el salto a América, estableciéndose el 1851 en Boston y Montreal, esto es, en Estados Unidos y Canadá, dos referentes en el nacimiento del baloncesto. Esta organización juvenil, de clara naturaleza religiosa, adoptó como emblema un triángulo rojo con las inscripciones de cuerpo, mente y espíritu a propuesta de Luther Gulick, hijo de padres congregacionistas. En los Estados Unidos, el YMCA pronto reunió casi dos centenares de escuelas constituyéndose equipos colegiales e intercolegiales. Justamente, Gulick orientó al YMCA hacia la promoción de la educación física y el deporte, siendo el responsable de esta área en el Springfield Training School, centro en el que Naismith dio vida al baloncesto, basándose en el juego del «Duck on the rock», es decir, el pato sobre la roca.

Naturalmente, este papel primordial de los Estados Unidos se acentuó más todavía después de la Segunda Guerra Mundial (1939-1945), finalizada pocos meses antes de la aparición en junio de 1946 de la National Basketball Association (NBA). Ahora bien, cuando los Estados Unidos decidieron participar en la Gran Guerra el baloncesto ya poseía una larga historia desde que apareció en Massachussets. Como es conocido, se trata de uno de los estados que protagonizaron la independencia americana (1776), poblado mayoritariamente por gente blanca, cuya capital –Boston, fundada por los puritanos en 1630– se convirtió en uno de los pilares de Nueva Inglaterra. Si inicialmente Boston respondía al espíritu puritano, con el paso del tiempo –y en virtud de la llegada masiva de irlandeses– la ciudad cambió de fisonomía pasando a ser un referente católico. Verdad es que en el siglo pasado la presencia católica se hizo más palpable, hasta el punto que el clan de los Kennedy, que dio el primer presidente católico, procedía de unos emigrantes irlandeses instalados en Massachussets. «Nada pudo detener el ímpetu céltico, ni siquiera las tentativas de boicot económico. La exaltación, el espíritu discutidor, la elocuencia y la notable aptitud para la política de los irlandeses, llegaron a ser características fundamentales de Nueva Inglaterra. Muy pronto, los celtas conquistaron Boston a los Codfish» (Cartier, 1963: 521). Si los Boston Celtics apelan a esta dinámica histórica, no es menos verdad que los New York Knicks recuerdan sus orígenes holandeses, cuando Nueva York –fundada en 1624– no era más que una Nueva Amsterdam. Al fin y al cabo, los Boston Celtics son los que más anillos de la NBA han ganado: un total de 17 frente a los 16 de Los Ángeles Leakers.

Otra cosa no menor, sino bien significativa, estriba en visualizar en qué momento se concentraron estas victorias: entre la década de los sesenta y ochenta para los Celtics, y en las dos últimas décadas para los Leakers, lo cual evidencia que el centro de gravedad del baloncesto –como en tantas otras cosas de la vida americana– está pasando de la costa Este a la costa Oeste, es decir, de Nueva Inglaterra a California, dos espacios culturales y geográficos que ofrecen diferencias notorias. El puritanismo primigenio de Nueva Inglaterra, corregido un tanto por el catolicismo, contrasta con el espíritu interétnico y de vanguardia –incluso a veces, rompedor y contracultural– de California, en especial de San Francisco. Allá, al lado del Pacífico, en una especie de paraíso, se ha enraizado el crisol o melting-pot americano, germinando uno de los polos de la cultura postmoderna o, si se quiere, hipermoderna, simbolizada por el Silicon Valley, un conjunto de industrias de alta tecnología que empezaron a instalarse en la década de los setenta.

En otro orden de cosas, conviene no perder de vista que el balonvolea –surgido en 1895– había dependido en la España franquista de la Federación Española de Baloncesto. Antes lo había estado de la federación de balonmano y, más tarde, de la de rugby hasta que en 1960 alcanzó su propia identidad. Para abundar en la cuestión, conviene reparar que William George Morgan –amigo y colaborador de Naismith en la preparación física de los jóvenes– fue el inventor del balonvolea, en el colegio de Holioke (Massachusetts), también del YMCA. Para tal fin se basó en el tenis, el baloncesto y el bádminton para dar forma a un nuevo deporte que recoge aspectos de cada uno de ellos. Morgan debió observar que el baloncesto favorecía a los jugadores altos, de modo que el voleibol aparecía como una práctica menos selectiva, propiciando la universalización del juego no sólo entre los chicos sino también entre las muchachas. En última instancia, Morgan pretendía buscar una alternativa al baloncesto, cuyos beneficios no acababa de compartir en atención al riesgo de lesión que comportaba y al contacto que mantenían los jugadores de ambos bandos.

Si recordamos algunos episodios de la historia norteamericana constatamos que a raíz de la Guerra de Secesión (1861-1865) o Guerra entre los Estados (The War between the States), que ocasionó medio millón de muertos, los Estados Unidos procedieron a la abolición de la esclavitud por parte del presidente Abraham Lincon sobre quien Walt Whitman, el poeta nacional norteamericano, impartió innumerables conferencias. No en balde, Whitman en la introducción a Leaves of Grass, el gran poema épico norteamericano, escribió que «los Estados Unidos son esencialmente el más elevado poema». No podemos entrar en los entresijos de la historia americana, pero hay que añadir que la Guerra de Secesión también comportó el choque de dos mentalidades, la norteña de los Yankees y la sureña Dixie. Si la primera es de ascendencia cuáquera e invita a la acción de una incipiente modernidad, la segunda mantenía el peso de la tradición y de la aristocracia (gentlemen), sin olvidar los altos índices de analfabetismo (Espinosa, 1957: 87). Tal como se desprende del libro del profesor Espinosa, la concepción de los Estados Unidos –que colonizaron sus territorios sin una voluntad de trasladar los patrones de la vida europea, sino con la pretensión de crear algo nuevo– depende de la convergencia del alma puritano-cuáquera y de los principios de la Ilustración, dando lugar al nacimiento de la democracia que Jefferson plasmará en la declaración de 1776. Con el fin de la esclavitud, los negros abandonaron el Sur y se desplazaron hasta las grandes ciudades del Norte, lo que comportó a fines del siglo XIX el crecimiento de Chicago, Detroit y Nueva York, la ciudad automática según Julio Camba.

Sin embargo, la abolición de la esclavitud no significó el fin de los problemas de la población afroamericana que, hasta bien entrado el siglo XX, tuvo que enfrentarse a las cuestiones de la segregación racial, que se ha mantenido hasta fecha reciente. De hecho, las medidas que se tomaron en la década de los cincuenta contra la segregación racial se tuvieron que aplicar en ocasiones –como sucedió en 1957 en Little Rock, capital de Arkansas– con la presencia de una unidad de paracaidistas de la división aerotransportada que acompañaron durante diez meses a la Central High School a dos niñas y a tres jóvenes negros (Cartier, 1963: 266). No olvidemos que el tenista Arthur Ashe – uno de los referentes deportivos del presidente Obama– se vio obligado a empezar a jugar en pistas reservadas para los negros, en el estado de Virginia. Además, el paralelismo entre Ashe y Magic Johnson es evidente, desde el momento que ambos padecieron la enfermedad del SIDA que –en el primer caso– tuvo fatales consecuencias.

Tampoco podemos dejar en el tintero, el hecho de que los Harlem Globetrotters aparecieron en la escena deportiva a fines de la década de los años veinte, cuando el puritanismo empezaba a declinar en un contexto dominado por la crisis económica desencadenada por la depresión de 1929 – que siguió al famoso crack bursátil– que afectó a las clases más humildes, en un momento en que los jugadores afroamericanos no tenían acceso a las grandes ligas norteamericanas. Bien pudiera ser que el baloncesto substituyese en zonas como Harlem –de donde los últimos blancos marcharon en 1910– a las expectativas que generaba el boxeo, ya que los jóvenes negros deseaban emular los éxitos de Joe Louis (nacido en Alabama) y de Ray Robinson (procedente de Detroit). Ya el periodista gallego Julio Camba que visitó los Estados Unidos en diversas ocasiones –por ejemplo, en los difíciles años de 1929 y 1931– se dio cuenta de la importancia del papel de los negros para explicar, en su totalidad, la fotografía de aquel país: si los blancos de estirpe puritana representaban la adustez y seriedad, la alegría era una invención negra (Camba, 1970: 22).

En múltiples ocasiones se ha dicho que los Estados Unidos son un país joven, surgido de la Declaración de independencia firmada el 4 de julio de 1776 por trece colonias situadas en el Noreste del país, precisamente una zona con buena representación de equipos en la NBA. Ahora bien, los cincuenta y cinco firmantes de la declaración, a pesar de su innegable puritanismo, brindaron –según parece– con vino de Madeira. Digamos también que el nombre del equipo de Filadelfia –los Philadelphia 76ers– responde a esta fecha emblemática de la historia de los Estados Unidos que marca un hito en el devenir norteamericano, al que siguieron otros dos acontecimientos destacables: la Guerra Civil (1861-1865) y el New Deal del presidente Roosevelt que, en su lucha contra la crisis de 1929, ponía las bases sociales de la economía moderna. Se trata, pues, de un país que desea revivir continuamente su pasado y que manifiesta intensamente su simbología patriótica: la bandera con sus barras y estrellas y el himno, interpretado por una banda o conjunto musical, son dos aspectos que afloran a menudo en su liturgia deportiva que –junto al dólar y las ligas profesionales– dan unidad a un país que va de costa a costa (coast to coast), del Pacífico al Atlántico, o viceversa, símil utilizado a menudo por los comentarios baloncestistas, incluso españoles.

Es obvio que una de las manifestaciones más preclaras de la religiosidad puritano-cuáquera norteamericana estriba en el uso del término Christianity, que aparece a menudo en las siglas de entidades de todo tipo, preferentemente de asistencia social, formación pedagógica e, incluso, deportiva. En efecto, los términos Christianity y deporte no son incompatibles, tal como se desprende del hecho de que en Inglaterra se popularizara a partir de 1857 la expresión «Muscular Christianity», a raíz de la aparición de un comentario a una obra de Charles Kingsley (Bolós y Vilanou, 2004). Parece que inicialmente el término no gustó pero la verdad es que acabó imponiéndose, hasta el punto que generó la figura del joven cristiano, estudiante y deportista, que no sólo frecuentó las universidades, sino también las escuelas secundarias. En última instancia, el YMCA contribuyó a divulgar este ideal entre el mundo colegial, no únicamente universitario, desde el momento que el cristiano se perfila a manera de un verdadero atleta de Cristo. De tal guisa que Tony Ladd y James A. Mathissen, en su monografía sobre el movimiento del Muscular Christianity, dan la siguiente definición: «In this context, the calls by muscular Christians to manliness, character development, and healthful living occurred within the framework of an evangelical Protestant ethos called for personal salvation as well as development» (Ladd y Mathisen, 1999: 21).

A la vista de lo que decimos, no es casual que el baloncesto surgiese en el contexto del YMCA (Young Men's Christian Association), fundado en medio de un anglicanismo evangélico que, con los años, se había de extender no sólo por los Estados Unidos sino también por todo el mundo. Hoy como ayer, encontramos núcleos del YMCA en España cuyas ideas también fueron adoptadas entre nosotros por los jóvenes de la Acción Católica, existiendo más de un equipo de baloncesto cuya nomenclatura coincide con las letras JAC, esto es, Juventud de Acción Católica. Incluso antes de la Guerra Civil el baloncesto era practicado en nuestro país por grupos de jóvenes afiliados a la Acción Católica que dirigía, desde Madrid, el futuro cardenal Ángel Herrera Oria, entonces todavía seglar, circunstancia que aumentó después de 1939.

Pero esto acostumbraba a suceder en las grandes ciudades, porque en pequeñas poblaciones el fútbol continuaba siendo el juego por *excelencia* de aquella España de postguerra, si hacemos caso a las Memorias de un niño de derechas de Francisco Umbral. «El español llevaba dentro un futbolista nato, como antes había llevado un torero, porque el español siempre nace llevando dentro algo insospechado y heroico» (Umbral, 1973: 128). De modo, pues, que el baloncesto significó un elemento de modernización que competía con la hegemonía del fútbol, de la misma manera que el balompié había cercenado la omnipresencia del toreo y de la zarzuela en una España que, poco a poco, abandonaba los elementos castizos a beneficio de la modernización. Si el New Deal significa la configuración moderna del estado, el baloncesto puede representar lo mismo en el campo del deporte.

Sin ninguna clase de dudas, el deporte constituye un factor de modernización de manera que el baloncesto –importado de los Estados Unidos, nuestra bestia negra en el fracaso colonial de 1898– aparecía como uno de estos síntomas renovadores en la España de los cincuenta. Pero no olvidemos la presencia, incluso antes de la Guerra Civil, de jóvenes del YMCA –vistos en España como simples protestantes, sin mayor distinción– que recurrían al baloncesto. Sin menoscabo de su dimensión evangelizadora, los jóvenes del YMCA distinguen a un país como los Estados Unidos por su voluntad de expansión religiosa y política. No en balde, en la Exposición Universal de Londres de 1851 –la primera que se organizó– el pabellón de los Estados Unidos incluía «una iglesia misionera flotante que navegaba aguas arriba y abajo por el río Delaware» (Rutherford, 2000: 1275).

Si en el siglo XIX la evangelización fue el santo y seña de los Estados Unidos, al socaire de la aventura de los pioneros hacia el Oeste, consumada la conquista del Far West su influencia debía extenderse por todo el mundo. En modo alguno, la conclusión de la epopeya del Oeste comportó el final de la idea de la expansión de los Estados Unidos (Von Doren, 1956: 39). Quizás también por ello su fútbol no es de evasión (soccer) sino de invasión, tal como corresponde a una mentalidad imperialista derivada de aquella Inglaterra decimonónica considerada la reina de los mares. No es casual que la armada norteamericana fondease en el puerto de Barcelona el año 1929, con ocasión de la Exposición Internacional que tanto hizo para el desarrollo del deporte, no sólo del atletismo y la natación, sino también del baloncesto con la visita de equipos extranjeros que traían sus técnicas y tácticas.

En última instancia, España –alejada del plan Marshall– se vio favorecida por la firma de los pactos con los Estados Unidos en 1953, en medio de las tensiones con la Unión Soviética y las tropas del Pacto de Varsovia. A partir de entonces, la difusión y profesionalización del baloncesto no tuvo ningún tipo de trabas y los enfrentamientos entre el Real Madrid y el TSKA de Moscú, el equipo del ejército rojo, tuvieron un eco similar al que supuso la final de la Eurocopa de fútbol de 1964, ganada en Madrid por España ante la URSS por 2 a 1, con el mítico gol de Marcelino. Todavía tenemos grabadas en nuestras retinas las imágenes del No-Do en que los jugadores soviéticos fueron llevados de excursión al Valle de los Caídos. El TSKA (hoy CSKA) ganó la Copa de Europa frente al Real Madrid, en la edición de 1963 disputada después de 3 partidos, obteniendo el equipo blanco la victoria frente a los rusos, en la edición del año 1965, en una final a doble partido.

Como es fácil deducir, el baloncesto –en menor medida que el fútbol– también sirvió a los intereses del régimen franquista, con un equipo de bandera como el Real Madrid donde abundaban, junto a los jugadores españoles – Emiliano el más conocido– norteamericanos nacionalizados como Clifford Luyk, héroe de los sesenta, y Wayne Brabender, líder en los setenta. Así pues, la conjunción hispano-yanqui podía enfrentarse con éxito a los jugadores soviéticos en la cancha del baloncesto, aunque fuera en un frontón –el madrileño de Fiesta Alegre– convenientemente adaptado. No cuesta mucho trabajo observar cómo la americanización de la vida española no depende únicamente de la presencia de las bases militares, una de las puertas de entrada de la música pop, ni de la exhibición de las películas de Hollywood debidamente supervisadas por la censura, sino también del baloncesto que en este caso actuó de una manera un tanto ingenua, sirviendo a los intereses norteamericanos.

El ethos americano

Está claro que el Homo americanus –y aquí seguimos a un anglófilo como André Maurois (1945), que realizó diversos viajes a los Estados Unidos en 1927, 1931 y 1939– se caracteriza por tres aspectos bien definidos que este autor francés designa como los tres fantasmas de Norteamérica. En concreto, se refiere al elemento puritano, a la idiosincrasia del pionero (pionner) que llegó hasta nosotros a través de las aventuras televisivas de Daniel Boone y a la incidencia del feudalismo en los primeros compases de la historia americana. En consecuencia, estos tres aspectos –puritanismo, espíritu de frontera y dimensión medieval– condicionan a ese Homo americanus que inventa deportes de nueva planta como el baloncesto que –como hemos visto– es rectificado, a su vez, por el balonvolea que también ha sabido adaptarse a los nuevos tiempos postmodernos introduciendo la modalidad de playa, lo que da mayor vistosidad y espectacularidad al juego.

Por su parte, el filósofo cubano Jorge Mañach que frecuentaba la comunidad veraniega docente de Nueva Inglaterra en la década de los cincuenta, en su estudio sobre Dewey, nos ha dejado una *excelentes* descripción de este ambiente americano, inherente a los pueblos de Nueva Inglaterra. Allí la imaginación es escasa y el pecado desencadena un drama. Llevado por esta convicción, Mañach señala que la cultura de los Estados Unidos se ha movido entre dos grandes tradiciones: la del puritano y la del pionero, apostillando a renglón seguido que Emerson, James y Dewey aspiraban a una síntesis. «El espíritu de frontera da de sí la voluntad de dominio, y el puritanismo cierta hipocresía» (Mañach, 1959: 48). El pensamiento de Dewey –al que volveremos más adelante– intenta conjugar estas influencias, generando una filosofía basada en la experiencia, no en las esencias, y abocada hacia el futuro, cosa lógica si tenemos en cuenta que la lucha por las ideas precipitó la Guerra Civil, acontecimiento que marca un punto de inflexión en la historia norteamericana.

Las raíces del puritanismo –cuya influencia se vislumbra en el baloncesto– se basan en diversos principios. Por un lado, nos encontramos con la imagen del ciudadano surgido de la Independencia, es decir, el pionero, blanco y protestante que responde al perfil del WASP (White-Anglo-Saxon-Protestant). No en vano, y como hemos visto, el baloncesto nació en un contexto colegial que responde a este tipo de perfil, si bien no es menos cierto que después de los procesos inmigratorios vividos por los Estados Unidos los afroamericanos también han participado de los beneficios del deporte y, por ende, del baloncesto que quizás por su ascendencia yanqui no ha podido desplazar al fútbol de Europa, ni tampoco de Latinoamérica. Todo indica, además, que en Asia y África la tendencia no se va a quebrantar a corto plazo, de modo que el fútbol –un juego un tanto elemental y rudimentario que se practica con los pies– continua siendo el deporte rey. Ahora bien, no podemos obviar que el fútbol en su intento de actualizarse para responder al signo de los tiempos adopta medidas (cambios de jugadores, tarjetas, minutos añadidos, etc.) que están inspirados en el baloncesto que, por su radical modernidad, aparece como un modelo o paradigma a seguir e imitar por la mayoría de deportes.

El aspecto puritano también es palpable por el control y límite de las faltas y, en especial, por su reconocimiento público que choca con la moral católica que vincula el pecado con la confesión en privado. En nuestra opinión, ello responde a una manera de ser inspirada por la tradición calvinista, que se trasluce en la religiosidad presbiteriana que de la mano de John Knox se impuso en Escocia y, más tarde, se trasladó a los Estados Unidos que alimentó el caldo de cultivo del que emergió el baloncesto. Refiriéndose a los hombres y mujeres que llegaron a las costas de Nueva Inglaterra, Maurois señala que «su poesía venía de la Biblia, y su moral, de Calvino» (Maurois, 1945: 91). La Prohibición o ley seca –violada una y mil veces con la connivencia de algunas autoridades– no es más que un simple reflejo de ese puritanismo, promovido por republicanos y demócratas, que consideraban que las tabernas eran unos antros de vicio y pecado. Con anterioridad, el mismo Walt Whitman había escrito cuentos de temática a favor de la abstinencia a mediados del siglo XIX (Loving, 2002). Visto desde la distancia, es posible suponer que este puritanismo también influyó sobre el baloncesto y el balonvolea, al limitar el primero el número de faltas y al impedir el segundo el contacto físico entre los equipos.

Como no podía ser de otra manera, la irrupción de los afroamericanos en la década de los años cincuenta marcó un hito en la historia del baloncesto al atenuarse la discriminación racial. En concreto, se señala el año 1950 –en plena Guerra Fría– como un cambio radical para que el negro acompañara al blanco en el mundo del baloncesto. Si los negros fueron movilizados durante la

Primera Guerra Mundial, después de la Segunda adquirieron una conciencia que les llevó a luchar por la defensa de sus derechos civiles, a la par que las decisiones judiciales ponían cerco a la segregación racial. Así pues, en 1950, Chuck Cooper fue el primer jugador elegido en un draft mientras que Earl Lloyd era el primero en debutar en la NBA, un día antes que Cooper y cuatro días de antelación respecto Nat «Sweetwater» Clifton. En este elenco de jugadores de color, también cabe destacar el nombre de William «Bill» Russell que, después de haber nacido en Luisana donde su familia sufrió toda clase de vejaciones, acabó convirtiéndose en una estrella de los Boston Celtics habiendo obtenido la medalla de oro en los Juegos Olímpicos de Melbourne (1956). Después de sus éxitos deportivos como jugador, defendiendo durante trece temporadas a los Boston Celtics, Russell llegó a ser el primer entrenador de color de la NBA al dirigir a su equipo de siempre entre 1966 y 1969. Mientras tanto, se habían producido los acontecimientos del año 1968, con los Juegos Olímpicos de México que fueron los primeros organizados por un país en vías de desarrollo.

Ciertamente que la década de los sesenta –que asistió al inicio de la Guerra del Vietnam (1964-1973)– supuso una serie de novedades (drogas, libertad sexual, hippies, cultura underground, etc.) que significaron un cambio de ritmo en la vida americana que entró en una fase convulsa y agitada. El año 1963 el presidente John F. Kennedy era víctima de un complot en Dallas. Con todo, los magnicidios no cesaron: el año 1965 era asesinado el dirigente negro Malcolm X, promotor del Muslim Mosque e inspirador del movimiento de las Panteras Negras, mientras que el año 1968 també caía violentamente Martin Luther King que lideraba la lucha contra la segregación racial, que en el mundo de la NBA había empezado a retroceder el año 1950. Ahora bien, el Black Power utilizó los Juegos de México (1968) para denunciar la marginación de los negros que promovieron el movimiento de los Musulmanes Negros (Black Muslims). Este conjunto de factores afectó al deporte en general, no sólo al boxeo –con el caso emblemático de Cassius Clay– sino también al baloncesto con lo que se quebraba –como mínimo parcialmente– uno de sus tópicos principales: que fuese un deporte identificado con el perfil del WASP. Por su parte, Kareem Abdul-Jabbar –un ejemplo para la juventud mundial– se convirtió al Islam después de leer una biografía sobre Malcolm X. Hoy no es infrecuente ver jugadores que profesan la religión del Islam en la NBA, después de que Shaquille O'Neal también abrazara la religión musulmana.

Ante este estado de cosas, que marcaba el inicio del dominio de los jugadores afroamericanos en la NBA, no extraña que de la misma manera que en el campo del boxeo se ha anhelado un campeón blanco de los pesos pesados, algo similar ha acontecido en ocasiones con el baloncesto. Recordemos, además, que el mito de la «esperanza blanca» constituye una leyenda bien real, desde el momento que Jack Johnson (1878-1946) consiguió el campeonato mundial de los pesos pesados en 1908, cetro que ocupó hasta 1915. Ningún boxeador blanco pudo arrebatarle el título mundial, siendo probablemente la persona afroamericana más conocida de su tiempo. Aunque las comparaciones siempre son odiosas, la presencia de Larry Bird –hijo de una familia humilde y con problemas sociales de toda índole– bien puede responder a este mito de la esperanza blanca, surgida en el momento en que el baloncesto se convirtió en una práctica dominada por los afroamericanos. Todavía hoy están en la memoria de los aficionados las trece temporadas seguidas que Bird jugó, precisamente, con los Boston Celtics, cuando los jugadores afroamericanos –aceptados a regañadientes por la NBA– se habían hecho los grandes dominadores de este juego. Sin embargo, repárese en el hecho que la selección americana que ha concurrido a los últimos Juegos Olímpicos (Londres, 2012) presenta todavía el estigma de la discriminación: mientras la mayoría de los jugadores yanquis –pertenecientes a la NBA– son de color, los miembros del staff técnico son blancos.

No está de más remarcar –otra vez– que la religión constituye uno de los rasgos característicos del ethos norteamericano. No en balde, la religiosidad –ya sea metodista, cuáquera o de cualquier otra confesión, incluso la musulmana– aparece como uno de los elementos definitorios de la vida pública y privada de los Estados Unidos. Desde el siglo XVII, y situando el origen en Massachusetts, se celebra en los Estados Unidos la fiesta de acción de gracias el cuarto jueves del mes de noviembre, que incluye la conocida cena familiar con el pavo asado. Sin negar que el origen de esta celebración esté en las fiestas para agradecer el beneficio de las cosechas, hoy sabemos que el día siguiente –el viernes de la cuarta semana de dicho mes– empieza el período de las compras de Navidad, con lo que la religión y el consumo encuentran un punto de conexión. Poco antes, se ha iniciado la temporada de la NBA en la primera semana de noviembre, paralizándose la liga en el mes de febrero –que coincidiría con los carnavales– para celebrar el All-Star Game. Aquí la fiesta deportiva convertida en espectáculo substituye a la licencia carnavalesca, condenada por el rigorismo puritano e, incluso, por la fe musulmana.

Todavía en España recordamos el famoso torneo de Navidad organizado por el Real Madrid, que desde el 1965 y hasta el 2006 tanto hizo para difundir el baloncesto, sobre todo por las retransmisiones televisivas, invitando equipos y selecciones que eran difíciles de ver en otras competiciones, debido a la debilidad de nuestro deporte y a la falta de ligas continentales y éxitos olímpicos. Entre los equipos nacionales, sólo el Juventud de Badalona –la famosa Peña Spirit, en honor del Spirit of Saint Louis, el avión de fabricación americana pilotado por el estadounidense Charles Lindbergh que cruzó el Atlántico de Nueva York a París en 1927 sin repostar–[1] acudía con cierta frecuencia a dicho torneo. Mientras vemos como la liga de fútbol se suspende en España con motivo de las fiestas navideñas, ello no sucede con el baloncesto que, en atención precisamente a su carga puritana, es compatible con las fiestas religiosas del calendario porque desde esta perspectiva deporte y religión no son incompatibles. Muy al contrario: el deporte queda supeditado a la fe, articulándose el ejercicio físico a manera de una especie de propedéutica o preparación físico-espiritual con lo que su conciliación es más que posible. Aquí resuena el eco de las palabras paulinas a los ciudadanos de Corinto, organizadora de los Juegos del Istmo: si en el estadio todos los atletas luchan mas uno sólo se lleva la medalla, en la vida hay que perseguir el objetivo de la eternidad que es accesible a cualquier cristiano que porfíe ardorosa y noblemente.

De hecho, la cosa no termina aquí porque los vínculos entre la religión y la vida americana se hacen también palpables en la divisa del dólar «In God we trust» (En Dios confiamos) que, partir del 1 de octubre de 1957, aparece en los billetes y que vino a substituir el anterior «E Pluribus Unum» que procedía de la época de la independencia al significar que «de muchos saldrá uno sólo». En

---

[1] En 1910 tuvo lugar en San Luis la primera reunión aérea norteamericana, con la participación de cinco pilotos de aquella ciudad. De ahí que Charles Lindberg bautizara a su aeroplano con el nombre de Spirit of Saint Louis.

efecto, uno –el nuevo país surgido de la declaración de independencia de 1776– provenía de los trece estados, entre ellos Massachusetts, que se federaron en uno. Por aquel entonces, nos encontramos a comienzos del mes de octubre de 1957, hacía poco que se había producido la invasión de Hungría por la Unión Soviética, que tuvo lugar entre el 23 de octubre y el 10 de noviembre de 1956, pocos días antes de la inauguración de los Juegos Olímpicos de Melbourne el 22 de noviembre. A estas alturas, la idea de Dios se identificaba con las mejores esencias de la cultura americana hasta el punto que América aparecía como el crisol divino. «Dios está creando al norteamericano, fundiéndole en un gran crisol en el fuego de la necesidad, y añadiendo para acelerar la reacción, el catalítico de la oportunidad social y económica. Es significativo que Dios esté realizando el trabajo. Quizá solamente Dios puede hacer un norteamericano» (Von Doren, 1956: 37).

En resumidas cuentas, la Guerra Fría se encontraba en uno de sus puntos más álgidos, coincidiendo además con el lanzamiento del Sputnik, el primer satélite artificial, que fue puesto en órbita por los soviéticos el 4 de octubre de 1957. Sólo 3 días separaron ambos acontecimientos, esto es, el cambio de lema en el dólar y el inicio de la era espacial. Frente al materialismo ateo comunista, los Estados Unidos –que entre 1953 y 1961 estuvieron presididos por el general Dwight D. Eisenhower, «Ike», responsable del desembarco aliado de Normandía en 1944 y apasionado por el golf– apelaban a la fe y al espíritu de los pioneros, sellando una alianza entre la religiosidad y el capitalismo que no ha hecho más que crecer, con la aparición –desde comienzos del siglo pasado– de las corrientes fundamentalistas, que surgieron en torno a 1915 como una reacción a las primeras manifestaciones de incredulidad y secularización. En cualquier caso, pocos meses después del lanzamiento del Sputnik, los americanos propulsaron el cohete Júpiter, desencadenándose una guerra por el dominio del espacio que concluyó –en su primera fase– en 1969, con la llegada de los yanquis a la Luna.

Vaya por delante que a raíz de la Gran Guerra (1914-1918) se detectaron en los Estados Unidos los primeros síntomas de escepticismo religioso, que aumentaron después de la Segunda Guerra Mundial (1939-1945). Incluso en el contexto pacifista que siguió a la Primera Guerra Mundial los ideales del movimiento del Muscular Christianity entraron en una cierta decadencia, al ser tildados de proclives al militarismo, situación que se agudizó a raíz del crack de 1929, cuando muchos jóvenes universitarios –se habla de cuatro millones de graduados– no encontraban trabajo. André Maurois, en su crónica de los Estados Unidos, da cuenta de lo que vio en la Universidad de Princeton –un establecimiento de ascendencia presbiteriana, instalado en el estado de New Jersey– el año 1931 cuando los estudiantes –en contra del orden y de lo que mandaba el Presidente de la Universidad– arrancaron de su emplazamiento la estatua del estudiante cristiano (The Christian Student) o atleta cristiano (Christian athlete). Se trataba de una estatua levantada por Daniel Chester French –famoso artista americano– dedicada a William Ear Dodge Jr. que había liderado a un grupo de estudiantes que formaban parte de un equipo intercolegial del YMCA, que en 1876 jugaba al fútbol americano que hacía poco que había entrado en las Universidades. Fallecido a la temprana edad de 25 años, la estatua fue sufragada por su hermano Cleveland H. Dodge en 1879, a fin de perpetuar la memoria de William Ear, que así adquiriría la condición de modelo ejemplar de estudiante y deportista cristiano que no podía jugar al baloncesto porque, sencillamente, todavía no se había inventado. Hoy dicha Universidad posee un importante equipo de baloncesto, el Princeton University, enrolado en la NCAA, que durante 29 temporadas entre 1967 y 1996 tuvo como entrenador al legendario Peter J. «Pete» Carril, siendo sus jugadores conocidos con el apelativo de los «tigres».

Cincuenta años después de haberse erigido aquella estatua los nuevos estudiantes –inmersos en las preocupaciones derivadas de la crisis de 1929– se habían distanciado del sentido puritano que determinaba los valores originarios del ethos americano. Interrogando a los estudiantes por qué habían desplazado la estatua en cuestión, uno de ellos respondió:

«Hay que comprender que esa estatua es el símbolo de todo cuanto nosotros odiamos. Representa al Joven Bueno que lleva una Biblia bajo el brazo y un balón de fútbol en el otro. Fue donada a la Universidad para honrar ese tipo de atleta devoto y respetable, que nuestra generación aborrece. Lo que perseguimos es lo que ella simboliza, no la estatua en sí» (Maurois, 1945: 115).

Más que la Biblia, aquel joven llevaba en su mano izquierda unos pocos libros entre los que hay que suponer que se encontraba el texto sagrado.

Además, si substituimos el balón de futbol por el de baloncesto, bien podemos trasladar mentalmente la estatua del atleta cristiano al contexto del YMCA, en que apareció el deporte de la canasta. Al parecer, no era la primera vez que los alumnos de Princeton gastaban una jugarreta a dicha estatua y así el 1930 – antes de su grotesco traslado– la habían dorado de modo que, finalmente, fue retirada. Da la impresión, pues, que en aquellos momentos el ideal puritano, que combina la religión y el deporte, estaba de capa caída, en franco retroceso, si bien mantiene su vigencia en algunos ambientes como los mormónicos. En el fondo, y aunque sea de una manera difusa, este puritanismo ha llegado hasta nosotros a través de la música pop, con la famosa canción YMCA que el conjunto Village People lanzó a la fama el año 1979, si bien en un primer momento la organización juvenil demandó al citado conjunto musical, integrado por homosexuales.

Entre las notas que distinguen a la figura del pionero, y de su espíritu de frontera, Maurois cita las siguientes: la igualdad, la acción, la caballerosidad, el nomadismo que significa estar dispuesto a viajar y el optimismo porque el americano confía en el futuro de modo que siempre está ávido de novedades. «El empuje hacia el Oeste y la abundancia de inmigrantes del otro lado del Océano obligaron a la sociedad americana, durante el siglo XIX, a un constante estado de movimiento. La aparición de la industria del automóvil viene a dar carácter definitivo a ese estado de cosas» (Conant, 1957: 8-9). Bien mirado, la industria automovilística americana no es nada más que una respuesta a la necesidad de desplazamiento en unas ciudades inmensas, donde se camina poco y cuyas calles se han rotulado según una lógica numérica que poco tiene que ver con la memoria y el pasado (Steiner, 2004). Por su lado, la igualdad se observa en el tema del draft que algunos autores han vinculado con el velo de ignorancia, inherente a la teoría de la justicia de John Rawls. Siempre hay que ponerse en la posición del más débil, del que posee menos posibilidades, lo cual se hace evidente en el fichaje de nuevos jugadores.

Que el baloncesto responde a un espíritu dinámico está fuera de toda duda, abriéndose constantemente a cambios y modificaciones. Y ello más aún si tenemos en cuenta que se juega con la mano y no con el pie, de manera que es posible establecer concomitancias entre nuestro juego y el mundo industrial que destaca la importancia de la producción manufacturada. Los Detroit Pistons hacen honor a este mundo fabril e industrial, asumiendo la franquicia anterior de los Fort Wayne Pistons, con lo cual el sustrato de los pioneros quedó absorbido por el aspecto industrial en una simbiosis en consonancia con el ethos americano. Por su parte, la industria aeronáutica y espacial ha dejado su huella en el universo de la NBA con equipos como los Seattle Supersonics (1967-2008) y los Houston Rockets.

Cuando se analiza la historia de la educación norteamericana se apunta en la movilidad del sistema educativo que contrasta con la rigidez europea. Por este motivo, se insiste en la importancia de los colleges que, al decir de algunos críticos, también responden al espíritu de los pioneros. En rigor, estos establecimientos –a medio camino entre la tradicional educación secundaria y la universidad europeas– asumen la filosofía del pragmatismo y la necesidad de dar respuestas a los cambios sociales. Naturalmente, estos colleges han servido para potenciar el deporte universitario en los Estados Unidos, coadyuvando al desarrollo del baloncesto. Entre estos equipos destacamos el Boston College, las «águilas», que hemos visto en gira durante el verano del presente año (2012) en España.

En Francia la difusión del baloncesto contó con el apoyo de la Federación Gimnástica y Deportiva de los patronatos parroquiales de aquel país. Curiosamente entre nosotros algunas órdenes religiosas –por ejemplo, los maristas, de procedencia francesa, y los claretianos, siempre avizores de lo que pasaba en América, sin olvidar a los escolapios– han promovido en los patios de sus escuelas los juegos que recurren al uso de la mano, como el balonmano, el baloncesto y el hockey sobre patines, llegándose en ocasiones extremas a repudiar el toque de la pelota con el pie. Por ello, podemos vincular el baloncesto con la pedagogía activa y la búsqueda, por ende, de la obra bien hecha.

El baloncesto, igualmente, responde a una idea de caballero que podemos entroncar con el arquetipo del gentleman, mediatizada por el movimiento del Muscular Christianity que aspiraba a romper el ambiente elitista de las selectivas Public schools británicas. Si detrás de la figura del gentleman encontramos al caballero medieval, cuya huella se puede detectar en los Cleveland Cavaliers, el cowboy simboliza el espíritu del pionero. A riesgo de equivocarnos, pensamos que detrás de la nomenclatura de algunos equipos de la NBA (Denver Naggets, San Antonio Spurs, etc.) también se detecta la aventura de los pioneros que persiste, de una u otra manera, no sólo en el universo mental del norteamericano sino también en diversos aspectos de su vida cotidiana como la forma de vestir. «Es inevitable que un pasado tan próximo haya dejado importantes huellas en la estructura social, ideas políticas y costumbres» (Cartier, 1963: 143). Ni que decir tiene que el baloncesto también ha servido para americanizar el mundo, ya que incluso durante los años de la Guerra Fría los marines de la Sexta Flota americana –con base en Italia desde 1946– llevaron este deporte a muchos puertos de la vieja Europa que, después de su brillante papel en la Segunda Guerra Mundial, concitó su mirada en los Estados Unidos a pesar de la propaganda antiamericana existente (Yankees go home).

De tal suerte que detectamos en el perfil del Homo americanus el trasfondo de la expansión y colonización hacia el oeste, que el cine ha revivido a través del Far West, género que, aunque hoy no pasa por sus mejores momentos, en su día marcaba el solaz recreo de muchas personas, jóvenes y adultas. Incluso Hitler disfrutaba con la visión de este tipo de películas que reviven la aventura del Oeste, cosa que también ha hecho el baloncesto, colonizando todos los territorios de los Estados Unidos y, más tarde, del mundo entero.

El baloncesto con su gusto por las estadísticas también refleja el espíritu del capitalismo, propio de una sociedad de contabilidad, en la que el cálculo matemático permite abordar –gracias a la previsión– la optimización del futuro según la fórmula del utilitarismo de conseguir el máximo bien con la mínima inversión, anticipando –como hacen los entrenadores en sus pizarras– el desarrollo y desenlace de las jugadas. Todos recordamos la jocosidad con que hace tan solo unos pocos años los medios periodísticos españoles saludaron a un entrenador de fútbol holandés que se atrevió a llevar consigo una libreta para hacer anotaciones en el transcurso de los partidos de nuestra liga.

En este punto, y a fin de insistir en los lazos entre el baloncesto y la religión, podemos traer a colación los vínculos entre los mormones y el baloncesto. Joseph Smith, nacido en 1805, fue hijo de un colono cuyo perfil corresponde a la imagen del pionero americano que recoge el espíritu de frontera. Nacido en el seno de una familia presbiteriana, tuvo diversas visiones y revelaciones, publicándose en 1830 El Libro del Mormón. Pronto surgió la nueva iglesia, en Fayette, condado de Séneca, en el estado de Nueva York. Los adeptos y conversiones de otras confesiones no hicieron más que engrosar y aumentar el número de adeptos, que sufrieron muchas vicisitudes en la colonización del estado de Utah, a donde fueron a parar hacia mediados del siglo XIX.

En 1847 los mormones descubrieron el paisaje del lago salado, esto es, la ciudad de Salt Lake City (equiparada a una verdadera Sion), que organizó los Juegos Olímpicos de invierno de 2002. Si Nevada con Reno y Las Vegas – escribe Raymond Cartier– es un desierto enriquecido por el pecado, Utah es un desierto fecundado por la fe (1963: 125). En su largo peregrinaje hacia Utah, los mormones perdieron miles de miembros de la comunidad estableciéndose una especie de teocracia al frente de la cual se situó Brigham Young, convirtiéndose aquel territorio pobre y con escasos recursos en un emporio económico. Finalmente, la oposición de las autoridades gubernamentales respecto la manera de organizar la vida de los mormones dio los resultados esperados, y Utah pasó a ser en 1896 un estado más de la Unión. El que en la actualidad su equipo en la NBA responda al nombre de Utah Jazz no deja de ser un sincretismo postmoderno, ya que combina el puritanismo mormón con el espíritu musical afroamericano del Jazz, al proceder la franquicia de Nueva Orleans.

Pero que nadie se piense que las cosas han cambiado porque ello nos induciría a error. El puritanismo de los mormones –que ha dado grandes jugadores de baloncesto– está fuera de cualquier duda. Hace sólo unos meses, saltó a la red el caso de un joven jugador, Brandon Davies, del equipo justamente de la Brigham Young University (BYU), enrolado en la prestigiosa NCAA (National Collegiate Athletic Association), que fue separado del conjunto por haber mantenido relaciones sexuales con su novia. Esta decisión contó, además, con el beneplácito de su entrenador Dave Rose. Está claro que los jóvenes mormones han de seguir una vida ejemplar, sin quebrantar la abstinencia sexual o consumir alcohol. El lema de su camiseta –que llevan estampado de manera bien nítida a la altura del pecho– dice, simplemente, lo siguiente: I can't. I'm mormon, esto es, yo no puedo, yo soy mormón. Tal significación implica que cualquier joven –sea del sexo que sea– tiene prohibido beber, fumar, ingerir drogas, tener relaciones sexuales prematrimoniales, a la vez que está obligado a asistir el domingo al oficio religioso durante tres horas, a contribuir con donativos al sostenimiento de la comunidad, y ello sin olvidar la misión que todos vemos en las ciudades cuando dos jóvenes mormones, altos y bien vestidos, ejercen su apostolado por las calles, llamando puerta a puerta. Incluso en alejadas capitales de provincia hemos visto recientemente parejas de jóvenes mormones cumpliendo con sus obligaciones pastorales.

Una vez más el puritanismo aflora con toda su fuerza en el baloncesto, extremo que sería impensable en la vieja Europa donde el catolicismo no exige este tipo de medidas. Quizás por ello un converso como G. K. Chesterton escribió en su obra Ortoxodia, que data de 1908, lo siguiente: «Aquellos países de Europa donde todavía es grande la influencia del sacerdote son los únicos donde todavía se baila y se canta, y donde hay todavía trajes pintorescos y arte al aire libre. La doctrina y la disciplina católicas son muros, si se quiere; pero son los muros de un teatro de regocijos» (Chesterton, 1962: 248). Con este antecedente, bien se comprenden las palabras de Julio Camba cuando se refería a San Francisco como a una ciudad católica, mientras que calificaba a Los Ángeles de ciudad puritana. Según Cartier, Los Ángeles –fundada en 1871 por frailes españoles– surgió de dos formas de agitación moderna: la competencia y la publicidad (Cartier, 1963: 50). Aunque sea una simple anécdota, encontramos dos franquicias de la NBA en Los Ángeles –Los Ángeles Clippers, que anteriormente habían estado vinculados a San Diego, y Los Ángeles Lakers– donde juega nuestro Pau Gasol, una especie de esperanza blanca europea trasladada al Pacífico.

El texto de Chesterton –que procedía del anglicanismo y que conocía perfectamente el puritanismo de la época victoriana– identifica el juego y la diversión con el catolicismo que –recordemos– permite el juego gracias a la virtud aristotélica de la eutrapelia que pasó al orbe cristiano –y por extensión, católico– gracias a santo Tomás de Aquino, circunstancia rechazada por el calvinismo. Si el anglicanismo se perfila como una vida media entre el catolicismo permisivo y el férreo calvinismo, presente igualmente en la religiosidad presbiteriana, que cercena el ocio y la diversión, qué hemos de decir del puritanismo norteamericano que está alimentado por una serie de religiosidades –como el metodismo y el cuaquerismo– que tuvieron dificultades en Inglaterra, al chocar con los intereses de la Iglesia anglicana, una estructura nacional y oficial. Sin embargo, y a fin de percatarnos de la complejidad de esta fenomenología, no hay que perder de vista que la presencia católica en los Estados Unidos ha aumentado sensiblemente, con la llegada de irlandeses e italianos, primero, y latinoamericanos, más tarde.

Bien significativo es el número de mormones que han jugado en España. Algunos de ellos como Brian Jackson –uno de los máximos anotadores de nuestra liga– pasaron 12 años en diversos clubes, entre ellos el Real Madrid. Igualmente es conocido el caso de Steve Trumbo, que jugó en las filas del FC Barcelona. Los nombres pueden seguir y, entre ellos, rescatamos el de Andy Toolson que en un artículo de la red –escrito por Javier Ortiz, redactor de El Periódico de Extremadura– reconocía que «ser mormón te ayuda a ser jugador de baloncesto, ordenado, recto, pero no solo ello». Desde este punto de vista, y si recordamos los escritos sobre psicología de la religión de William James, la religiosidad posee un sentido práctico y utilitario, a la vez que permite una metanoia o conversión como la de san Pablo, el apóstol de los deportistas.

En otras palabras, la fe y el deporte, la vida religiosa y la moral deportiva, poseen más concomitancias de lo que uno a veces se imagina porque detrás de ambas –de la religión y del deporte– se da una ascética que tiene mucho de lucha y sacrificio y que, por ende, recuerda la agonística helénica y patrística. No olvidemos, además, que con ocasión de los Juegos Olímpicos de Londres de 1908 –la primera de las tres ediciones que ha organizado la capital británica– Ethelbert Talbot, obispo episcopaliano manifestó públicamente aquellas palabras que han sido atribuidas erróneamente al barón Pierre de Coubertin. «En estos juegos, más que ganar, lo importante es participar, como en la vida es más trascendente la manera con que se lucha que la victoria que se puede conseguir».

Es verdad que el espíritu del Ramiro de Maeztu no se puede vincular directamente a este ambiente, pero sí indirectamente, habida cuenta el sustrato pedagógico que subyace en el Estudiantes, equipo colegial cuya pedagogía bebe remotamente en las fuentes de la Institución Libre de Enseñanza. No en balde, aquel gran proyecto pedagógico inspirado por Francisco Giner de los Ríos combinaba la educación intelectual con la formación del carácter a través del ejercicio físico y el deporte, sin olvidar una religiosidad de inspiración cristiana en sintonía con los ideales de la humanidad del krausismo. Se mire por donde se mire, es incuestionable que el Instituto Ramiro de Maeztu –creado por disposiciones oficiales del 4 de abril de 1939, tres días después de finalizar la Guerra Civil, para suplantar al anterior Instituto-Escuela– introdujo el baloncesto durante el curso 1948-49, alcanzado poco después –en la temporada 1950-51– su equipo la primera división (Alvira, 1992). En buena medida tales éxitos se debieron al empeño de Antonio Magariños, un catedrático de latín que no practicaba deporte alguno pero que como buen conocedor de la cultura clásica era consciente de la importancia del aforismo «mens sana in corpore sano» que Juvenal incluyó en su sátira décima. También en Cataluña, y a través de los canales pedagógicos (ya fuesen los tempranos viajes de Eladio Homs a Estados Unidos entre 1907 y 1910, o bien la labor del escolapio Eusebio Millán a partir de 1921), el baloncesto se institucionalizó por vía pedagógica, pudiéndose decir que pasó del patio de las escuelas a las pistas o canchas deportivas (Puyalto, 2008). Todo indica que la preferencia pedagógica por el baloncesto, en detrimento del fútbol, se debe en la mayoría de las ocasiones por su componente puritana y su dimensión motriz, que favorece la habilidad manual propia del mundo industrial.

Después del puritanismo, llega el espectáculo

Huelga decir que a lo largo del siglo XX el Homo americanus ha dado lugar al imaginario colectivo del American way of life y, por extensión, al American dream. Aunque se trate de un simple azar podemos añadir que la novena sinfonía de Antonín Dvorak, la Sinfonía del Nuevo Mundo, data de 1893, dos años después de la invención del baloncesto. A su vez, la publicidad con su iconografía –recordemos el famoso cartel del Tío Sam llamando al reclutamiento durante la Primera Guerra Mundial– y la industria cinematográfica favorecieron la configuración mental de este imaginario, tal como reflejó D. W. Griffith en la película The birth of a nation (1914).

Es sabido que el pragmatismo interrumpió en la historia americana en el último tercio del siglo XIX, de la mano de pensadores como Charles Sanders Peirce, William James y John Dewey. Ya hemos indicado más arriba, que Dewey –que se formó en Vermont, en Nueva Inglaterra– refleja la fusión entre puritanismo y espíritu de frontera. Sin embargo, a menudo se considera que el pragmatismo representa una posición filosófica surgida de la simbiosis del idealismo (Hegel), del evolucionismo (Darwin) y del utilitarismo (Stuart Mill). En su autobiografía, Dewey dio cuenta y razón de sus años de formación y, más concretamente, de la influencia hegeliana:

«Hay, sin embargo, algunas razones subjetivas que justifican el influjo que Hegel tuvo sobre mí; satisfacía el ansia de unificación que yo sentía tan intensamente y que, aunque de origen emocional, no podía tener desahogo sino en la inteligencia. Es casi imposible revivir hoy ese estado de ánimo. Pero, como resultado de mi herencia puritana, esa escisión, esa separación impuesta por la cultura de Nueva Inglaterra, ese aislamiento del yo frente al mundo, del espíritu respecto del cuerpo, de la Naturaleza con relación a Dios, me oprimían dolorosamente; o quizás mejor, me laceraban por dentro. Pero la síntesis hegeliana de lo objetivo y lo subjetivo, lo material y lo espiritual, lo divino y lo humano, no era un mero ejercicio de la inteligencia; anunciaba una liberación... Solté amarras del hegelianismo en el curso de los tres lustros siguientes; mi deriva fue lenta y por momentos casi imperceptible. No parece haber habido tampoco razón para ese cambio. Sin embargo no puedo negar, ni menos ignorar, lo que cierto agudo crítico considera un descubrimiento original: que mi contacto con Hegel ha dejado en mi obra un sedimento permanente» (Dewey, 1949: 21-22)

Como vemos, el pragmatismo también aparece como una respuesta a la escisión que el ethos americano produjo en las conciencias de Nueva Inglaterra, representando un freno para la evolución. No cuesta mucho trabajo comprender que la vida americana, después de la Primera Guerra Mundial, cuando el puritanismo empezó a rebajar su presión, intentó suturar las escisiones, por ejemplo, entre una moral rígida y la permisividad sexual, o bien entre un modo de vida austero y el sentido lúdico. La cosa no acabó de cerrarse –y no sin dificultades– hasta después de la Segunda Guerra Mundial, aunque el pragmatismo que se expandió durante la época de entreguerras procuró salvar estos escollos.

Pues bien, había que buscar una nueva filosofía, una manera de pensar que significase un avance respecto al pensamiento de los pioneros y de los puritanos. En su autobiografía, Dewey había señalado lo siguiente: «Los últimos veinte años del siglo XIX marcan la terminación definitiva del período de los pioneers y la transición hacia la era del desarrollo industrial y mercantil» (Dewey, 1949: 19). Con estos antecedentes se entiende que el pragmatismo, que se articula como un método de pensamiento y una filosofía, mire siempre hacia adelante, orillando cualquier tentación esencialista de las cosas –que había desencadenado la Guerra Civil– a la vez que aspiraba a evitar la parálisis que comportó el puritanismo. A la vista de todo ello, lo que importa son las razones prácticas que mueven nuestras acciones, la adaptación con éxito a un mundo moderno y democrático en constante cambio que, además, acepte el goce y la diversión, superando la rémora de un pasado puritano. En último término, el éxito –que en el caso del deporte exige que el espectáculo se imponga, manteniendo un resultado incierto hasta el último aliento de los jugadores– se convierte en el criterio de legitimación de una filosofía que persigue una orientación pragmática que también penetró en el baloncesto con la incorporación de los jugadores negros que aportaron un plus de alegría y diversión. También la participación de la mujer –en su papel de animadora, iniciado en los ambientes colegiales y universitarios– incluirá a la chica americana en el espectáculo deportivo. No en vano, y a pesar de que hoy suene a comentario machista y políticamente incorrecto, Julio Camba aseguraba que la más genuina creación de América es la American girl porque es la más guapa del mundo. Contra recelosos y puritanos, Camba advertía que la cosa es mucho más seria de lo que parece ya que «son diosas y, convencidas de su condición divina, no hay nada en el mundo que las arredre» (Camba, 1970: 109).

Entiéndase bien, lo que pretendía decir Camba no era otra cosa que la joven americana es una «chica sana, alegre e intrépida, que puede fumar dos cajetillas diarias, bailar cien bailes y beber quince cocktails» y que, además, exhibe sus piernas ante todos los hombres con despreocupación. Algunos de estos rasgos son patentes en los coros de Cheers leaders que amenizan los partidos de baloncesto, no sólo en los Estados Unidos sino también en Europa. Al fin de cuentas, más de un jugador ha encontrado su pareja entre estas animadoras, quizás porque al margen de su apariencia un tanto frívola este tipo de muchacha «suele ser la mejor amiga y la mejor compañera del mundo» (Camba, 1970: 109). Otros viajeros españoles que, visitaron los Estados Unidos a mediados del siglo pasado, vieron en estas animadoras una manifestación de la igualdad de sexos que correspondía a una joven nación como los Estados Unidos. «Se lanzaban serpentinas; las muchachas animadoras que se colocan en las bandas, no para alentar a los jugadores, sino a los partidarios del equipo, daban saltos de dos o tres metros de altura; y la banda de música rompía a tocar» (Ferrándiz Casares, 1957: 90).

Visto en perspectiva, también podemos vincular el pragmatismo con la construcción de rascacielos, bajo el impacto del Empire State Building, erigido entre 1929 y 1931, e inaugurado el 19 de mayo de ese año en plena aplicación de la política del New Deal. Ya Julio Camba dedicó un capítulo de su crónica de los Estados Unidos –escrita justamente en 1931– sobre los rascacielos que, a su entender, no responden a ninguna necesidad sino al interés de ensamblar un conjunto de novedades técnicas: el cemento armado, la fabricación en serie del acero y los ascensores eléctricos. Entonces, el Empire State Building acababa de superar al Chrysler Building, colosos levantados para liquidar la hegemonía de la Torre Eiffel que procedía de la Exposición Universal de 1889. Definitivamente, el centro de gravedad del mundo se desplazaba de Europa a los Estados Unidos, de París a Nueva York y, más en concreto, a Manhattan, uno de cuyos rasgos distintivos es la verticalidad. Sin embargo, el ojo crítico de Julio Camba no dejaba de ser corrosivo: «Los Estados Unidos se jactan mucho de su modernidad, pero cuanto más se separan de Europa más tienden a identificarse con las civilizaciones aborígenes del Continente...». A renglón seguido, comparaba la civilización incaica con la americana que se distingue por ser un conglomerado de individuos, una auténtica masa. «Es una civilización de grandes estructuras arquitectónicas. Es una civilización de insectos» (Camba, 1970: 69-70).

Sin entrar a valorar la opinión de Camba, parece claro que un lugar idóneo para jugar al baloncesto lo encontramos en las calles y plazas de las grandes ciudades, particularmente en sus zonas bajas que están pobladas de rascacielos. El baloncesto que surgió entre las austeras paredes de un gimnasio casi subterráneo salió a la superficie para ocupar los espacios públicos adaptándose perfectamente al asfalto metropolitano, de modo que también se juega en la calle siguiendo los tónicos de los deportes postmodernos, la mayoría de los cuales han tomado el espacio público como el mejor de los escenarios. Si las pruebas de marcha atlética y la carrera de la maratón han abandonado los estadios, algo similar sucedió con anterioridad con el baloncesto al instalarse cestas en los lugares más inverosímiles: patios, jardines, playas, etc. Dicho con otras palabras: el baloncesto se ha hecho un deporte popular al alcance de casi todo el mundo.

También podemos establecer un paralelismo entre el baloncesto y la filosofía pragmática desde el momento que nuestro juego está abierto a cualquier novedad, siempre que redunde en beneficio del mismo. Si el fútbol ha estado apegado a la tradición y al inmovilismo, debiéndose jugar con pases rasos y cortos, como corresponde a un deporte enraizado en una cultura cósmica y agraria, el baloncesto hay que ponerlo en conexión directa con el pragmatismo y con la pujante sociedad norteamericana –abierta, industrial y altamente mecanizada– que mira hacia el futuro con optimismo. Amén de lo que decimos, encontramos en la verticalidad de los rascacielos una metáfora de la altura de los jugadores (verdaderas torres) de modo que la pericia del jugador confirma que el Homo americanus es también un Homo habilis, que ha de conseguir que la pelota se eleve por el aire hasta penetrar en la canasta.

Nótese, igualmente, que es posible formular una serie de comparaciones entre el baloncesto y los valores de la modernidad, por más que también se ha adaptado al mundo postmoderno como una muestra añadida de su vitalidad. Al margen del tema del espacio antes comentado, el factor tiempo coincide con los postulados del capitalismo. Los relojes de los campanarios eran desconocidos en Europa hasta el Renacimiento, momento en que se introdujo la variable temporal con relación a la actividad comercial. No se trata, además, de un tiempo blando como marcan los relojes de Dalí sino de un tiempo astronómico en el que un segundo puede cambiar el resultado final de un partido. Para dar cuenta de ello, recordemos que la mecanización americana refleja todo su esplendor en el sofisticado cronometraje del baloncesto, siempre preciso y exacto, nunca subjetivo como sucede con el fútbol.

Y esto nos lleva a hablar del control de los árbitros y del personal de la mesa que regulan todos los aspectos del juego, hasta sus más nimios detalles. Los cambios constantes de jugadores en los partidos pueden ser vistos como una analogía de lo que sucede en el mundo laboral, sumido hoy en una volatilidad sin límites. Las contrataciones de jugadores de baloncesto en España se hacen, incluso, por unas pocas semanas, al igual que sucede en un mercado laboral cada vez más precario. En el antiguo fútbol las alineaciones se habían de mantener durante todo el partido, salvo el portero que se podía cambiar en caso de lesión, quizás por ser un puesto específico y probablemente, también, por su significado materno. Hoy en el deporte, y en especial en el baloncesto, nada es fijo y permanente, sino que como sucede en la filosofía hegeliana –una de las bases del pragmatismo, como hemos visto– todo fluye constantemente. Talmente da la impresión que Heráclito, para quien todo era movimiento, ha ganado la partida a Parménides, entestado en la búsqueda del Ser y, por tanto, de una unidad que la postmodernidad ha hecho añicos con un pensamiento fragmentario y divergente que, además, ha liquidado la metafísica quedando reducida la cuestión ontológica a una simple existencia factual de las cosas.

Forzando un poco las cosas, también se pueden plantear correlaciones entre los tiempos muertos y las codificaciones de jugadas con la sociedad de la información y del control, alargándose los partidos en una especie de eternidad que se hace –en ocasiones– inaguantable (más de uno cierra el televisor o, simplemente, cambia de canal para no ver el fatídico desenlace), dinámica que algunos interpretan como una especie de agonía que nos recuerda la muerte. Y ello más todavía si tenemos en cuenta que en el baloncesto no se puede empatar, con lo que es imposible diferir el resultado hasta otro momento venidero. Cada partido –como si se tratara de una verdadera obra dramática– escenifica una tragedia: victoria o derrota que podemos emparentar –como en el tenis postmoderno– con la muerte súbita, aunque sea a base de prórrogas continuas. Si el fútbol puede decidir el resultado de una alta competición con el lanzamiento de penaltis, como vimos en la final de la Champions del 2012, jugada entre el Chelsea y el Bayern de Munich, nada semejante puede acontecer en el mundo del baloncesto. Un lanzamiento de tiros libres adicionales que sería una buena muestra de habilidad no puede decidir un partido si no se ha producido anteriormente una falta, de modo que queda claro que la ejecución de la pena (el tiro libre) exige una violación del juego. En el mejor de los casos, los mates y triples quedan circunscritos –salvo contadas excepciones a lo largo de un partido– al ámbito de la floritura sofisticada del espectáculo deportivo. A la vista está, pues, que en el baloncesto nada puede depender del azar que en la cultura americana queda reducido al mínimo porque pocas cosas se improvisan y casi todo se organiza con antelación (Cartier, 1963: 597).

Por lo demás, cosa conocida es que el ritmo decae cuando el resultado está anunciado antes del fin del partido. Entonces, al ser el tanteo abultado, se baja la guardia y se entra en los minutos de la basura (Garbage time). Pues bien, incluso durante este tiempo residual, sin emoción por el resultado, las cadenas televisivas introducen tiempos muertos por razones publicitarias ya que han sido previamente planificadas. Durante estos minutos sobreros, el tiempo pasa rápidamente sin apenas interrupciones. Es el momento de los jugadores novatos y poco experimentados, de las pruebas y ensayos. Estos minutos no reflejan una vida auténtica, sino un simple entrenamiento o simulacro. De tal guisa que la derrota –un remedo de la escenificación de la muerte– ha de consumarse en un postrer instante que no puede ser atribuido al azar, estableciéndose el sistema de prórrogas y play-off que racionalizan y justifican los malos resultados. En el baloncesto, por su propia modernidad, no hay fuerzas mágicas ocultas: todo es evidente y racional, contabilizándose los lances del juego a través de variables estadísticas que envuelven la dinámica del partido en una especie de redes numéricas que dan cuenta y razón de su desarrollo y resultado final.

Como bien se sabe, nada depende en el baloncesto de circunstancias extrínsecas, ya se trate de la climatología o de las condiciones del suelo de la cancha. Cuán lejanas aparecen aquellas canchas construidas por los propios jugadores, en que no se podía prevenir el bote de la pelota y en que las condiciones de seguridad –habida cuenta los materiales empleados, a veces cemento armado para sostener los pilares de las cestas– tampoco quedaban garantizadas. Poco queda de aquel baloncesto que introdujeron los primeros clubes en España, antes de la Guerra Civil, cuando los pisos podían ser de tierra, de madera, de asfalto e, incluso, de baldosas ajustadas con más voluntad que acierto. En el baloncesto todo debe ser exacto, claro y distinto, de acuerdo con una lógica de signo geométrico. Aquí la interpretación es mínima y cuando se produce una falta los árbitros deben echar mano del lenguaje gestual, proceso que gradualmente se ha trasladado a otros deportes. Con todo, siempre hay accidentes fortuitos que producen situaciones un tanto jocosas, por lo inesperado de los acontecimientos, como sucede cuando vemos al personal de la mesa intentando recuperar el funcionamiento de un marcador que se ha apagado por cualquier pormenor técnico –por ejemplo, un corte del fluido eléctrico–, una anomalía que distorsiona la cosmovisión moderna que ha alentado la génesis y evolución del baloncesto.

Añadamos que aquí no prosperaron las quinielas sobre los partidos de baloncesto, quizás por su ascendencia puritana, probablemente por su misma racionalidad que hacía previsible el resultado. Si el fútbol es así, es decir, azaroso y caprichoso, el baloncesto al atender a la estadística resulta más exacto y preciso, con lo cual se puede responder satisfactoriamente al sueño moderno de la anticipación y previsión que coincide con uno de los puntos básicos del calvinismo: la organización. En este sentido, la pista de juego puede responder a los aspectos de una ciudad en miniatura perfectamente organizada. No en balde, Naismith humanizó un gimnasio –que responde a una concepción europea de la cultura física– con la invención de un juego que participa, como venimos señalando, del ethos del Homo americanus. Por ello, para algunos los Estados Unidos son una síntesis espiritual y biológica de las mejores cualidades europeas (Velázquez Riera, 1957: 66).

No cabe la menor duda de que la televisión ha precipitado el tránsito hacia una concepción postmoderna o mediática del deporte. El año 1979 aparecía en los Estados Unidos el primer canal temático dedicado íntegramente al deporte, un proceso que no ha hecho más que crecer desde entonces, fecha en que François Lyotard publicaba La condición postmoderna que anunciaba la llegada de una nueva época en que el éxito substituía a la verdad y la imagen a la realidad. En medio de estas circunstancias que acabaron por generar un cambio radical en el espíritu de los tiempos (Geistzeit), el baloncesto –habida cuenta sus vínculos con la mentalidad americana– se ha adaptado perfectamente a las nuevas condiciones ambientales y sociales. De ahí su éxito olímpico y planetario triunfando especialmente en los países mediterráneos –España, Italia y Grecia, principalmente– siempre alejados del puritanismo. Si Nueva Inglaterra ha tendido hacia el catolicismo, los países tradicionalmente católicos se han acercado al ethos americano.

En virtud de esta fenomenología, el baloncesto se ha convertido en el gran aparador de un mundo mediático que encaja con los intereses de la industria del entretenimiento. Se trata, además, de un espectáculo que exige la conjunción de jugadores (con su pasmosa habilidad y plasticidad, una aportación mayoritariamente de los afroamericanos) y espectadores que jalean y aplauden las filigranas de sus ídolos, al compás de una música estimulante que anima los ataques locales. Desde un punto de vista psicológico, el espectador es invitado a participar en la fiesta al ritmo de unos estribillos que responden al esquema conductista de estímulo-respuesta. Aunque alguien nos podrá tildar de forzar las cosas, es posible ver en estas muletillas musicales que acompañan los ataques de los equipos de baloncesto una resonancia de las galopadas de los soldados del séptimo de caballería cuando se lanzaban al son del toque de corneta sobre sus presas, ya fuesen indios o forajidos. En pocas palabras: la música de fanfarria nos conduce y arrastra hacia un espectáculo que, gradualmente, se va alejando del puritanismo originario aunque mantiene características de sus distintas fases evolutivas, sobre todo de sus inicios colegiales y de su impronta religiosa.

Por la misma razón, la presencia de las estrellas de Hollywood alrededor de las canchas americanas evidencia esta fusión sincrética postmoderna en que detrás de una imagen –la retransmisión televisiva de un partido– encontramos una especie de palimpsesto de la historia. Detectamos, por consiguiente, diversos elementos del ethos americano (puritanismo y espíritu de frontera, principalmente) e, igualmente, modernos, es decir, correspondientes a una sociedad pragmática, industrial y capitalista. Por lo tanto, el espectáculo postmoderno –con toda su grandeza y sofisticación– no puede ocultar los rasgos y elementos que subyacen detrás de la imagen que la televisión retransmite a todos los lugares del planeta.

Es hora de concluir estas consideraciones que no pretenden otra cosa que mostrar como el ethos americano se ha plasmado en el baloncesto, ahora que se cumplen poco más de veinticuatro lustros de su invención. Si hace unos años, en plena Guerra Fría, los cigarrillos Marlboro representaban, a través de la imagen de un cowboy que fumaba, aquello genuinamente americano, hoy – 23 años después de la caída del muro de Berlín y 22 de la desaparición de la Unión Soviética– este símbolo lo podemos encontrar en el baloncesto ya que de los grandes deportes estadounidenses (béisbol, fútbol americano y hockey sobre hielo) es el que más se ha popularizado y extendido, sobre todo como vehículo e instancia pedagógica, preferido al futbol por su violencia y esencias telúricas. Además, el baloncesto se ha organizado como una verdadera industria, conforme al modelo que inició el béisbol que continúa siendo para la mayoría de los europeos un profundo misterio. Raymond Cartier recordaba como en el Brooklyn de mediados del siglo pasado lamentaban la pérdida de su equipo de béisbol por antonomasia, los Dodgers, los enemigos tradicionales de los Yanquees de Manhattan. Para mayor insidia, los Dodgers –instalados en Los Ángeles– ganaron en 1959 su primer campeonato, con lo que se demostraba que la movilidad –un aspecto típicamente americano– formaba parte de la industria del deporte, un mundo del espectáculo, ya se trate del béisbol o del baloncesto.

Antes de terminar, empero, señalamos como en España, y por simple mimetismo, hemos articulado la expresión ÑBA para oponernos a la NBA, la liga que reúne las mejores figuras del baloncesto americano que – paulatinamente– está colonizando un viejo continente que hoy busca, en medio de una crisis financiera que también representa una crisis cultural e ideológica, sus señas identidad y el sentido último –esto es, el horizonte– de la vida. La derrota de España ante los Estados Unidos, en la final de los Juegos Olímpicos de Londres de 2012, por unos pocos puntos, constituye un verdadero éxito que contrasta con las pésimas noticias financieras y laborables con que nos levantamos cada día.

A estas alturas, nadie puede dudar de la grandiosidad del baloncesto, siempre ágil y atractivo, pero tampoco podemos soslayar los condicionantes de su nacimiento y desarrollo. Quizás lo que ocurre es que algunos tenemos nostalgia –al fin de cuentas los Juegos Olímpicos, restaurados por europeos como Coubertin y Didon– no son más que retornos a los orígenes de una historia, que hoy queda absorbida por la vorágine de la dinámica de una globalidad que, instalada en la velocidad sin límites, sólo mira hacia adelante, olvidando la memoria con su axiología. «Contemplada desde la larga perspectiva del futuro –concluía Dewey en su Autobiografía–, la totalidad de la historia de Europa occidental no es más que un episodio provinciano» (Dewey, 1949: 26). Probablemente, por ello estamos condenados a que nuestros juegos y tradiciones queden diluidos en la síntesis del río de la historia, de una historia que ha sido sazonada con un aditamento que le confiere un sabor genuinamente americano.

No extraña, pues, que Julio Camba manifestase que mientras Europa simboliza el análisis, los Estados Unidos representan la síntesis, de manera que el americano no comprenderá jamás al europeo ni éste al americano. Está claro que hoy se ha superado aquella antigua incomunicabilidad, gracias a los viajes y, sobre todo, al cine y a la televisión. Han pasado más de setenta años de las palabras de Julio Camba y hoy todo parece apuntar que los Estados Unidos han impuesto su estilo y su manera de pensar y que nuestra juventud se siente cada vez más atraída por el American way of life, en particular cuando ha desaparecido del horizonte la esperanza comunista. No se trata de ningún milagro, ni de una casualidad histórica: el baloncesto ha hecho mucho para que así sea.

REFERENCIAS BIBILIOGRÁFICAS

Alvira, Tomás (1992). *El "Ramiro de Maeztu"*. Madrid: Editorial Rialp.
Bolós, Oriol de y Vilanou, Conrad (2004). Sobre l'origen del Bàsquet: quan la religió esdevé esport. *Ars Brevis*, 10, 11-42.
Camba, Julio (1970). *La ciudad automática*. Madrid: Espasa-Calpe.
Cartier, Raymond (1963). *Las 50 Américas*. Madrid: Rialp.
Chesteron, Gilbert Keith (1962). *Ortodoxia*. Barcelona: Editorial Planeta.
Chomsky, Noam (1994). *Repensando Camelot. John F. Kennedy, la Guerra de Vietnam y la cultura política de EE. UU.* Madrid: Libertarias/Prodhufi.
Conant, James B. (1957). Una vieja tradición en un mundo nuevo. *Atlántico. Revista de Cultura Contemporánea* (Casa Americana, Madrid). Número 6, 1957, 5-32.
Dewey, John (1949). Autobiografía filosófica. En *John Dewey en sus noventa años*. Washington: Unión Panamericana, 15-26.

Dewey, John (1995). *Democracia y educación: una introducción a la filosofía de la educación*. Madrid: Morata.
Espinosa, Miguel (1957). *Las grandes etapas de la historia americana (Bosquejo de una Morfología de la historia política norteamericana)*. Madrid: Revista de Occidente.
Ferrándiz Casares, José (1957). Panorámica de los Estados Unidos. *Atlántico*. Revista de Cultura Contemporánea (Casa Americana, Madrid). Número 6, 1957, 67-98.
Ladd, Tony y Mathisen, James A. (1999). *Muscular Christianity. Evangelical Protestants and the Development of American Sport*. Grand Rapids (Michigan): Baker Books.
Loving, J. (2002). *Walt Whitman. El canto a sí mismo*. Barcelona: Paidós.
Lyotard, F. (1984). *La condición postmoderna*. Madrid: Taurus.
Mañach, Jorge (1959). *Dewey y el pensamiento americano*. Madrid: Taurus.
Marías, Julián (1956). *Los Estados Unidos en escorzo*. Buenos Aires: Emecé Editores.
Maurois, André (1945). *Estados Unidos*. Barcelona: Luis de Caralt editor.
Menand, Louis (2002). *El club de los metafísicos. Historia de las ideas en América*. Barcelona: Destino.
Puyalto, Lluis y Navarro, Vicenç (2000). *El Bàsquet a Catalunya. Des dels orígens fins l'any 1838*. Barcelona: Fundació del Bàsquet català.
Puyalto, Lluis (2008). *La popularització del bàsquet a Catalunya. De l'escola a la pista*. Barcelona: Generalitat de Catalunya.
Racionero, Luis (1980). *Filosofías del underground*. Barcelona: Anagrama.
Rutherfurd, E. (2000). *London*. Barcelona: Suma de letras.
Solé Blanch, Jordi (2006). El naixement de la cultura juvenil a través del cinema. *Temps d'Educació*, 31, 163-178.
Steiner, George (2004) *La idea d'Europa*. Barcelona: Arcàdia.
Stern, Fritz Richard (2003). *El mundo alemán de Einstein. La promesa de una cultura*. Barcelona: Paidós.
Umbral, F. (1973) *Memorias de un niño de derechas*. Barcelona. Destino.
Velázquez Riera, Roberto (1957). Horizontes de Europa. En *Atlántico*. Revista de Cultura Contemporánea (Casa Americana, Madrid). Número 4, 1957, 65-80.
Von Dolen, Charles (1956). ¿Qué es la cultura americana?. En *Atlántico*. Revista de Cultura Contemporánea (Casa Americana, Madrid). Número 3, 1956, 35-42.
Zweig, Stefan (2001). *Castellio contra Calvino. Conciencia contra violencia*. Barcelona: Acantilado.

MOTIVATIONAL CLIMATE, SELF-DETERMINATION AND COOPERATION IN YOUTH BASKETBALL PLAYERS: ANALYSIS WITH BAYESIAN NETWORKS

CLIMA MOTIVACIONAL, AUTODETERMINACIÓN Y COOPERACIÓN EN JÓVENES JUGADORES DE BALONCESTO: ANÁLISIS MEDIANTE UNA RED BAYESIANA

Alexandre Garcia-Mas; Pilar Fuster Parra; Pere Palou Sampol,

Xavier Ponseti Verdaguer and Jaume Cantallops Ramón.

Universitat de les Illes Balears, Majorca, Spain.

INTRODUCTION

Bayesian networks (BNs) (Heckerman, 1997; Jensen & Nielsen, 2007; Pearl, 2000), also referred to as causal networks or belief networks, are a established framework for uncertainty management in artificial intelligence, which combined graph theory and probability theory to represent relationships between variables (Larrañaga & Moral, 2011). The network structure is a directed acyclic graph where each node represents a random variable (Butz et al., 2009; Glymour, 2003; Wermuth & Lauritzen, 1990). In this study a BN was considered to analyse cooperation and self-determined motivation in youth athletes. It helped us to make inferences regarding our problem, and therefore to obtain some conclusions in the study of cooperation and self-determined motivation in teams. The conceptual framework of cooperation used in this study is based in the concept of public goods (Deng & Chu, 2011; Suri & Watts, 2011) and the behavioural sportive consequences of solving similar situations to the one presented in the prisoner's dilemma (Poundstone, 1992; Wu et al., 2011). Cooperation inside sports teams is one of the most powerful concepts absolutely different from the sportive cohesion (Carron et al., 2002) to explain the internal dynamics of teams related with other psychological characteristics or with team performance (García-Mas et al., 2009; Leo et al., 2011; Olmedilla et al., 2011).

Cooperation is a form of pro-social behaviour, which reflects individual player's decision-making (Vukov et al., 2011) concerning giving their effort to the team, and technical skills, in order to obtain some personal objectives (Liu et al., 2012). From this point of view players should be classified as: a) unconditioned co-operators (they have the personal need to behave cooperating with the team's goals, the coach and/or the team mates; b) conditioned co-operators (they cooperate in function of the guessed or obtained reward); and c) situational co-operators (players who cooperate or not, depending on situational parameters). Cooperation inside the team also explains behaviours such as the acceptance of cheating and gamesmanship (Ponseti et al., 2012); the existence of cohesion inside the team (Lameiras et al., in press); or motivational orientation to the ego or task player's style of achievement (Olmedilla et al., 2011). On the other hand, the self-determination theory (Deci & Ryan, 2000; Pelletier et al., 1995; Ryan & Deci, 2000) is actually the most accepted theoretical framework, in order to explain the sources of the determination to play sports, enduring the nuisances of physical practice, and keeping up practice. Self-determination is based on three main basic human needs: autonomy in decisions, involvement in sport, and feeling of competence when playing and practicing (Reinboth & Duda, 2006). From this theory, we may define three different levels of motivation, situated on a continuum:

a) non-motivation, when players have no control over the results of their behaviour, which may lead to giving-up practice, or develop into a habit, without enjoyment or the feeling of belonging; b) extrinsic motivation, when the player's drive to practice and competition is based on external rewards, such as money, public acknowledgement, learning from the coach, or other stimuli; and c) intrinsic motivation, when a player has interiorized the need, with no longer comes totally from the environment, but from an internal perception of need, expressed through the sports performance. The self-determination motivational theory has also been used to explain the sportive cohesion and psychological well-being (Blanchard et al., 2009); sportsmanship and fair-play (Chantal et al., 2005); or the moral functioning of the team players (Miller et al., 2005).

In order to obtain the network we started from a data set, which encoded the results of two tests applied in athletes: the Behavioural Regulation in Sport Questionnaire (BRSQ) and the Questionnaire of Sportive Cooperation (CCD). Participants were 270 players from soccer, basketball and handball, with a mean age of 14.67 years and practice. We used Tetrad IV, which allowed us to obtain the structure and parameters of the network. Then, the network was implemented using Netica.

In Section 2 we explain the methods we used, so we talk about the data collection, learning the structure and parameters from data, validation and the construction of the BN. In Section 3 we introduce the results obtained analysing the BN. Finally, a discussion is presented in section 4 and some conclusions are given in section 5.

METHOD

Participants

Our study included 270 basketball players (244 boys and 26 girls) belonging to the regular competitions of the Balearic Islands. The average age of the players was 14.67 years (Range = 11 - 18 years; SD = 1.53).

Instruments

The level of sportive cooperation was studied with the Questionnaire of Sportive Cooperation (CCD; α = .79) (García-Mas et al., 2006), which consists of 15 items and has three subscales: conditional cooperation (coopecond variable), unconditional cooperation (coopeincond variable), and situational cooperation (coopsitu variable) (Table 1 shows the name of variables). Each item is rated on a 5-point Likert scale from 1 (very much) to 5 (nothing).

Variables	Nodes	Mean	SD	Min.	Max.
1. Non-motivation	amot	6.91	4.86	3.25	22.75
2. Conditional cooperation	coopecond	6.28	1.96	3.26	16.25
3. Unconditional cooperation	copeincond	5.74	1.72	3.25	11.25
4. Situational cooperation	coopsitu	11.08	3.10	6.14	22.29
5. Extrinsic motivation	motex	27.39	8.09	7.50	49.88
6. Intrinsic motivation	motint	43.01	6.85	9.88	49.88

Table 1
Name of variables and nodes with descriptive statistics: mean, standard deviation (sd), minimum and maximum comparisons.

In order to study self-determined motivation, we used the Spanish version (Viladrich et al., 2011) of the Behavioural Regulation in Sport Questionnaire (BRSQ), (Lonsdale et al., 2008), based on the Self-Determination Theory (Deci & Ryan, 2000; Ryan & Deci, 2000). The BRSQ consists of 24 items and has three subscales: intrinsic motivation (motintvariable; $\alpha = .79$); extrinsic motivation (motex variable; $\alpha = .69$), and non-motivation (amot variable; $\alpha = .71$) (Viladrich et al., 2011). Each item is rated on a 7-point Likert scale from 1 (totally false) to 7 (completely true).

Procedure

After obtaining written consent and put those data on file, data collection was begun following the same protocol for all participants involved. The researcher met with each of the coaches and teachers from the different teams and at the end of training session, participants completed the CCD of the BRSQ and the Spanish versions. All players participated voluntarily in the study, and one of the researchers was present during the time the subjects completed the questionnaires.

Data analysis

Learning the structure

Structure learning consists of learning the DAG of a BN either from the data, or from expert knowledge (Buntine, 1996; Cheng et al., 2002; Heckerman et al., 1995). The problem of discovering the causal structure increases with the number of variables, e.g. for each pair of variables, X and Y there are four possible kinds of connections: $X \rightarrow Y$, $X \leftarrow Y$, $X \leftrightarrow Y$, $X \quad Y$. Therefore 4 (number of pairs of variables) is the number of distinct possible causal arrangements of n variables (Glymour, 2003). In our case with six variables (amot, motex, motint, coopecond, coopincond, coopsitu) there would be $4(5+4+3+2+1) = 415$ possible connections between variables. The number of different structures, grows more than exponentially in the number of nodes (Jensen & Nielsen, 2007). For 6 nodes there would be 3.8×10^6 possible different DAGs that could be generated. However with the development of methods and software for inducing a model from data the difficulty of learning the structure has been reduced.

In order to obtain the DAG we use TETRAD IV (Glymour et al., 1986; Landsheer, 2010; Scheines et al., 1998). This software is available as freeware in the TETRAD IV suite of algorithms at www.phil.cmu.edu/projects/tetrad. Several search algorithms, which are integrated in TETRAD IV, were tested on the data (PC, PCPattern, PCD, CPC, GES), and we found GES was the one that behaved best with respect to our data (df = 8, ChiSquare =7.93, p-value = .44, BIC Score = -36.86) (see Table 2). Fig. 1 shows the obtained structure with GES algorithm.

Search	df	χ^2	p-value	BIC-Score
PC	9	13.65	.14	-36.74
PCPattern	9	13.65	.14	-36.74
PCD	9	13.65	.14	-36.74
CPC	9	14.67	.10	-35.72
JPC	12	75.33	0	8.15
JCPC	12	75.33	0	8.15
GES	8	7.93	.44	-36.86

Table 2

Search algorithms results on motivation and cooperation data.

The search procedure finds the structure that best improves the score, i.e. using the highest score (Bayesian information criterion (BIC)).

The obtained structure from GES algorithm (df = 8, ChiSquare =7.93, p-value = .44, BIC Score = -36.86) let us to obtain a structural equation model of observed variables (see Fig. 2). It may help us to determine the direct or indirect effect between the variables.

Learning the parameters

Parameters were obtained using the estimator box of TETRAD IV. A Dirichlet estimation was performed, which estimates a Bayes instantiated model using a Dirichlet distribution for each category (Neapolitan, 2003). The probability of each value of a variable (conditional on the values of the variable's parents) is estimated by adding to a prior pseudo-count (which is 1, by default) of cases, for each configuration, the number of cases in which the variable takes that value and then dividing by the total number of cases in the prior and in the data with that configuration of parents variables. In Table 3 the conditional probability table for the node of intrinsic motivation (motint) is given.

Motex	coopeincond	motint=low	motint=moderate	motint=high	total count
Low	low	.03	.06	.91	35.00
Low	moderate	.06	.21	.72	29.00
Low	high	.14	.14	.71	7.00
moderate	low	.01	.09	.90	97.00
moderate	moderate	.06	.21	.73	66.00
moderate	high	.17	.25	.58	12.00
High	low	.04	.12	.84	25.00
High	moderate	.05	.19	.76	21.00
High	high	.20	.20	.60	5.00

Table 3

Table of expected values of probabilities for intrinsic motivation variable (*motint*) conditional on combinations of its parent values: extrinsic motivation (*motex*) and unconditional cooperation (*copeincond*) variables respectively.

Building the Bayesian network

A causal network consists of a set of variables and a set of directed links (or arcs) between variables. The variables represent a set of possible states of affairs, for example the variable extrinsic motivation has the states: low, moderate and high. A variable is in exactly one of its states, which may be known or unknown. From a mathematical point of view the structure is a directed graph. In our problem the set of nodes is:

V= {amot, motex, motint, coopecond, coopincond, coopsitu}, and the set of edges E ={(copeincond, coopsitu), (copeincond, motint), (motex, motint), (motex, amot), (motint, coopsitu), (motint, amot), (coopsitu, coopecond)}. Causal relations can be regarded from a qualitative and quantitative point of view. Causal relation means connected by a relationship of cause and effect, and causality is the relationship of cause and effect. Causal relations also have a quantitative side, namely their strength (Jensen & Nielsen, 2007). We would say X is a cause of Y if a manipulation of X results in a change in the probability distribution of Y. A causal graph would be a directed graph containing a set of causally related random variables V such that for every X, Y ∈ V there is an edge from X to Y. Let X be a parent of Y, then using probability calculus, it would be natural to allow $P(Y|X)$ be the strength of the link. Let P be a joint probability distribution of the random variables in some set V and a DAG G = (V, E), then (G, P) satisfies the Markov condition if for each variable X ∈ V, X is conditionally independent of the set of all its non-descendants given the set of all its parents. In the problem under study the joint probability distribution is given by:

$$P(x_1, \ldots, x_6) = \prod_{i=1}^{6} P(x_i | Pa(x_i)) \qquad (1)$$

Where $Pa(x_i)$ denotes the parent nodes of x_i node in Eq. (1).

If a (G, P) satisfies the Markov condition, (G, P) is called a Bayesian network.

Equivalently, a BN consists of (Jensen & Nielsen, 2007): a) a set of variables and a set of directed edges between variables, b) each variable has a finite set of mutually exclusive states, and c) the variables together with the directed edges form a DAG.

TETRAD IV has been developed to be able to build a BN (Spirtes et al., 1993), because it can be used as an expert system from a data base. However TETRAD IV is not a BN program, so a graphical interface is not available with the graphical and quantitative structure at the same time, it cannot work with missing data, as BNs usually do.

The independencies from the graph are easily translated to the probabilistic model.

The joint probability distribution of the BN in Figure 3 requires the specification of 6 conditional probability tables, one for each variable conditioned to its parents'set. From the parameters and structure obtained by TETRAD IV a BN was implemented using

Netica software (Norsys Software Corporation, 2012). The compiled network is represented in Fig. 3. Netica computes and shows the prior probabilities of the variables rather than showing the conditional probability distributions. Probabilities are shown as percentages. For example, the fact that there is 81.3 next to high in the motint node means P(motint = high) = .81, which is the prior probability for this variable. Once the variables are instantiated, Netica will show the conditional probabilities of the other variables given these instantiations.

Validation of the Bayesian network

In order to validate the network a classification technique was performed with TETRAD IV.

Table 4 shows that there is 87.04% correctly classified with respect to intrinsic motivation variable, and Fig. 4 also show the Receiver Operating Characteristics (ROC) also known as relative operating curves, a graphical plot of the sensitivity, or true positive rate versus false positive rate. The ROC curve falls within the quadrant 1× 1 and the area under it is used as a predictive indicator of goodness. The area under curve (AUC) is defined as the probability of correctly classifying a pair of cases (positive and negative).

Observed	Estimated low	moderate	high
low	2	2	1
moderate	0	8	26
high	0	6	225

Table 4

Confusion matrix for intrinsic motivation variable where the percentage correctly classified is 87.04% and N = 270.

Table 5 shows a resume of the AUCs of different variables and the percentage correctly classified. From these figures we can see that the BN provides a computationally efficient system to study and evaluate cooperation and motivation in teams.

variable	low	moderate	high	pcc
amot	AUC = .82	AUC = .76	AUC = .85	79.26
motex	AUC = .61	AUC = .61	AUC = .76	64.44
motint	AUC = .90	AUC = .80	AUC = .79	87.04
coopecond	AUC = .62	AUC = .64	AUC = .72	76.30
coopincond	AUC = .73	AUC = .70	AUC = .77	65.92
coopsitu	AUC = .71	AUC = .69	AUC = .87	68.58

Table 5

AUCs obtained by ROC curves and percentage correctly classified (pcc).

RESULTS.

Inference with extreme variations

Bayesian networks are used to calculate new probabilities when new information is obtained (Butz et al., 2009). Several possibilities were considered taking into account the extreme variability:

Situational cooperation (coopsitu): stated to high. In this case the variables that showed the strongest changes were coopeincond, motint, coopecond, amot; showing that the variation on situational cooperation influences the variability on unconditional cooperation, followed by intrinsic motivation, conditional cooperation and non-motivation.

Extrinsic motivation had a slightly change and no changes (see Fig. 1).

Conditional cooperation (coopecond): stated to high. In this case the variables that showed the strongest changes were coopsitu, coopeincond and motint; showing that the variation on conditioned cooperation influenced the variability on situational cooperation, followed by unconditional cooperation and intrinsic motivation. Extrinsic motivation and non-motivation showed small changes or even no changes at all.

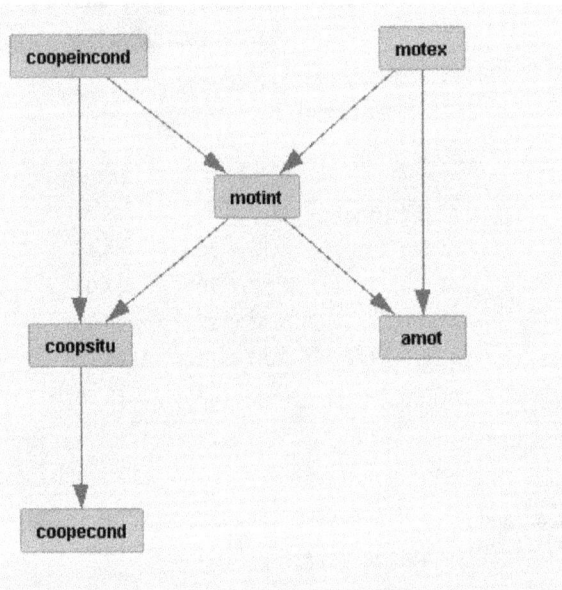

Fig. 1. Structure obtained by GES algorithm.

Unconditional cooperation (coopeincond): stated to high. In this case the variables that showed the strongest changes were coopesitu, motint; showing that the variation on unconditional cooperation influenced the variability on situational cooperation, followed by intrinsic motivation. Conditional cooperation and non-motivation had moderate changes to be taken into account.

Non-motivation (amot): stated to high. In this case the variables that showed the strongest changes were motex and motint; showing that the variation of non-motivation to high increased considerably the value of high extrinsic motivation and decreased the value of high intrinsic motivation. Conditional cooperation, unconditional cooperation and situational cooperation did not have any remarkable change to be taken into account (see Fig. 2).

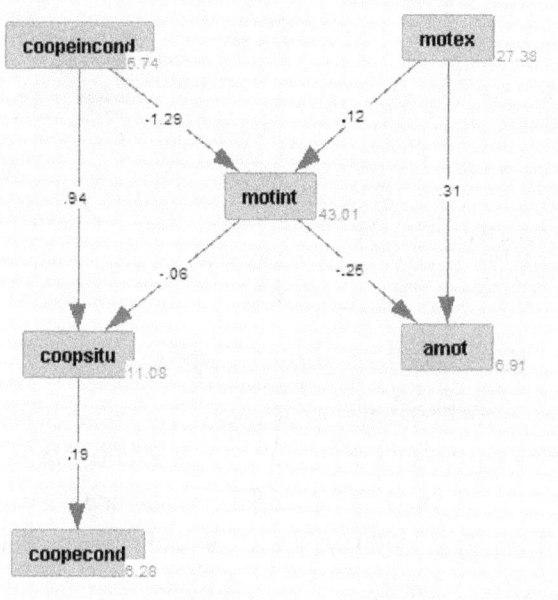

Fig. 2. Path analysis model for cooperation and self-determined motivation.

Intrinsic motivation (motint): stated to low. The variables that showed the strongest changes were coopeincond, coopsitu and coopecond; showing that the variation of intrinsic motivation to low increased considerably the value of high unconditional cooperation, situational cooperation and conditional cooperation and decreased the value of low unconditional cooperation, situational cooperation and conditional cooperation. Non-motivation and extrinsic motivation did not have any remarkable variability to be considered (see Fig. 3).

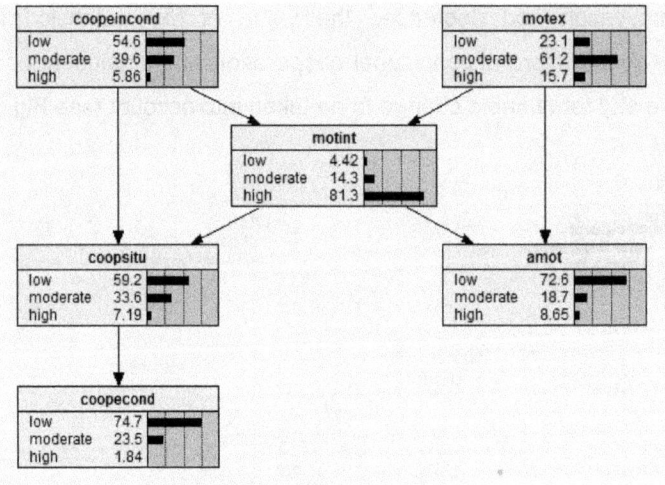

Fig. 3. Bayesian network for the study of cooperation and motivation in teams.

Extrinsic motivation (motex): stated to high. The strongest change occurred on amot variable, showing that the variation of extrinsic motivation to high increased considerably the value of high non-motivation and decreased the value of low non-motivation. The rest of variables did not have any remarkable variability to be considered (see Fig. 4).

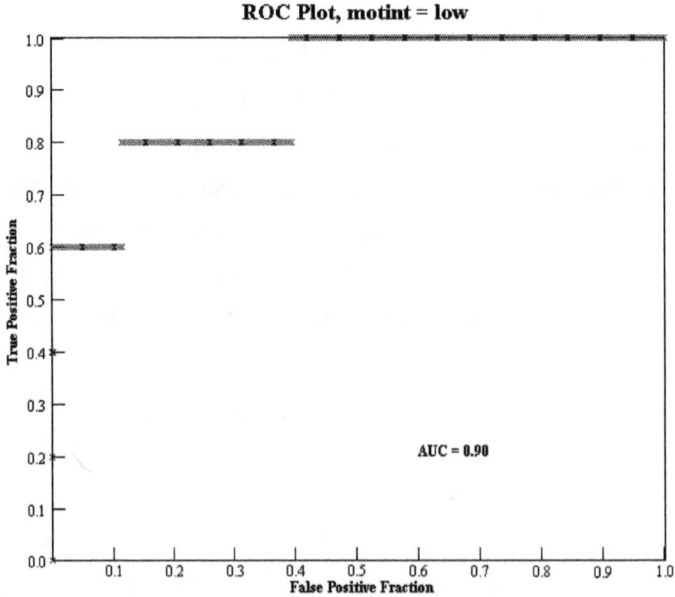

Fig. 4. ROC curve for intrinsic motivation in low state.

Extrinsic motivation (motex): stated to low. The strongest change again occurred on variable amot; showing that the variation of extrinsic motivation to low decreased moderately the value of high non-motivation and increased the value of low non-motivation. The rest of variables did not have any remarkable variability to be considered (see Fig. 5).

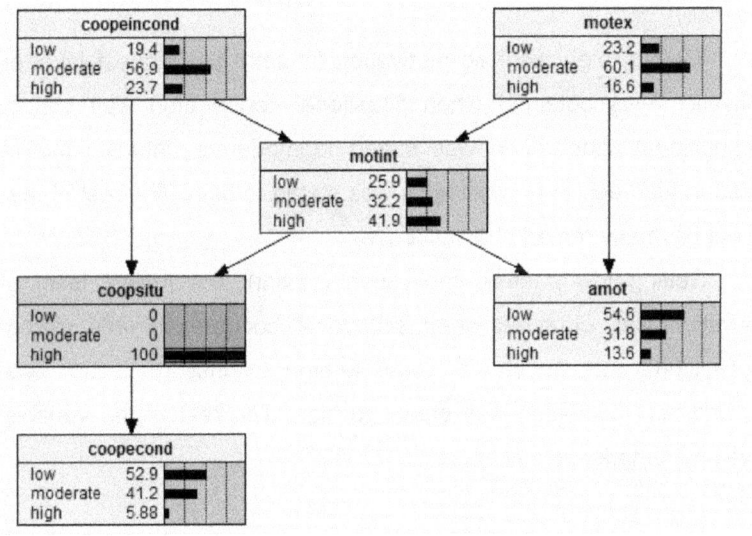

Fig. 5. Propagation of evidence when situational cooperation is stated to high.

Analysing specific cases

If we enter evidence on the network it was possible to establish the highest level of situational cooperation, unconditional cooperation, intrinsic motivation and extrinsic motivation, and to be able to analyse specific hypothetic cases.

Getting high situational cooperation (coopsitu): the highest level of situational cooperation was obtained when unconditional cooperation was stated to high, intrinsic motivation was stated to low and conditional cooperation was stated to high. The rest of the variables did not have any remarkable influence.

Getting high intrinsic motivation (motint): the level of highest intrinsic motivation was obtained when unconditional cooperation, conditional cooperation and situational cooperation was stated to low. The rest of the variables did not have any remarkable influence.

Getting high unconditional cooperation (coopeincond): the highest level of unconditional cooperation was obtained when situational cooperation was stated to high, intrinsic motivation was stated to low and extrinsic motivation was stated to high. The rest of the variables did not have any remarkable influence.

Getting high extrinsic motivation (motex): the highest level of extrinsic motivation was obtained when situational cooperation was stated to high, unconditional cooperation was stated to moderate, intrinsic motivation was stated to high and non- motivation was stated to high. The rest of the variables did not have any remarkable influence.

Getting low intrinsic motivation (motint): the lowest level of intrinsic motivation was obtained when situational cooperation was stated to high, unconditional cooperation was stated to high, extrinsic motivation was stated to low and non-motivation was stated to high. The rest of the variables did not have any remarkable influence.

DISCUSSION

Applying the Bayesian network methodology we have obtained a set of probabilistic relationship between sportive cooperation and self-determined motivation, which is –in part- corresponding with the previous literature. We have obtained a net with three prominent features. In first place, there is a probabilistic determination of the intrinsic motivation from the extrinsic motivation. Secondly, the net shows another probabilistic determination between the unconditioned (pro-social) cooperation and the situational cooperation (context dependant) and then over the conditioned (negotiated between personal and team objectives) cooperation. And lastly, the Bayesian analysis shows the existence of negative probabilistic determinations between the unconditioned cooperation and the intrinsic motivation, and a complementary negative likelihood between this last intrinsic motivation and the situational cooperation. These results are similar to previous ones obtained using classical correlation and regression analysis with the same variables

(Deci & Ryan, 2000; Leo et al., 2011; Reinboth & Duda, 2006) but it differs in others, mainly respect to the probabilistic primacy of the unconditioned (as we say, pro-social) cooperation on the conditioned cooperation. With respect to the self-determined motivation, it seems clearly that the main axe is established between the extrinsic motivation which determines both the intrinsic and non-motivational profiles. This primacy perhaps collide with the commonly accepted continuum between the three self-determination profiles (Deci & Ryan, 2000), but the existence of a dichotomous separation between intrinsic and extrinsic player's motivational profiles. When we do inferences using the previous built Bayesian network working with different combination of cooperative and motivational profiles -using extreme variations of hypothetically generated values- we obtained some new and interesting results. The most relevant is the opposition between unconditioned cooperation and intrinsic motivation (the likelihoods of both variables are always moving in opposite direction). This fact shows that the pro-social drive to do sports into a team is not totally compatible with the same players' intrinsic motivation to do the same. Are we talking about two different psychological ways to express the disposition to play and give effort inside a team? Maybe we need more research to find a correct answer to that question. Secondly, when we feed the intrinsic motivation with low values, all three cooperative profiles grew to high levels of likelihood. It also seems that in the absence of intrinsic motivation (in other words, the lacking of personal "intention" to do sport, (De Charms, 1968), the players developed to the maximum their different cooperative profiles.

On the other hand, and in accord with this last finding, when we move to low or high the probability of both non-motivation and extrinsic motivation probabilities, we found that none of the three cooperative profiles is affected in their likelihoods. The generation of a Bayesian network, and the use of inferences with extreme values, has allowed to our analysis to gain quality about the relationships between two of the most important psychological variables -self-determined motivation and sportive cooperation- related to the practice of competitive team sports.

CONCLUSIONS

In this paper we have analysed sportive cooperation and self-determined motivation inside a BN framework, which helps to get a general vision of the problem, to generate a set of ordered alternatives and to obtain new conclusions. BNs are a powerful tool for modelling the decision-making process under uncertainty, which combine a qualitative and quantitative representation at the same time. We have considered several cases with extreme variability to study which variables had the strongest influence. We also considered specific cases which were clearly established by the introduction of evidence in the BN. BNs appear as very useful in the study of small samples. In our study the sample was composed of two hundred seventy observations and a study of how classifies the structure of the network was done, for instance we obtained that intrinsic variable classifies the 87.04% of cases under study. A particular case for this variable (stated to low) was considered showing the strongest changes on the three kinds of cooperation (unconditioned, conditioned and situational cooperation).

ACKNOWLEDGMENTS

This study was financed partly by a grant from the Spanish Ministry of Science and Innovation (DEP2010-15561, DEPO subprogram).

REFERENCES

Blanchard, C. M., Catherine, E., Amiot, C. M., Perreault, S., Vallerand, R. J. & Provencher, P. (2009). Cohesiveness, coach's interpersonal style and psychological needs: Their effects on self-determination and athletes' subjective well-being. *Psychology of Sport and Exercise, 10*, 545-551.

Buntine, W. (1996). A guide to the literature on learning probabilistic networks from data. *IEEE Transactions on Knowledge and Data Engineering*, 8(2):195-210.

Butz, C. J., Hua, S., Chen, J. & Yao, H. (2009). A simple graphical approach for understanding probabilistic inference in Bayesian networks. *Information Sciences, 179*, 699-716.

Carron, A. V., Colman, M. M., Wheeler, J. & Stevens, D. (2002). Cohesion and performance in sports: a meta analysis. *Journal of Sport and Exercis Psychology, 24*, 168-187.

Chantal, Y., Robin, P., Vernat, J. P. & Barnache-Assollant, I. (2005). Motivation sportspersonship and athletic aggression: a mediational analysis. *Psychology of Sport and Exercise, 6*(2), 233-249.

Cheng, J., Greiner, R., Kelly, J., Bell,D. & Liu, W. (2002). Learning Bayesian networks from data: an information-theory based approach. *Artificial Intelligence, 137*, 43-90.

De Charms, R. (1968). *Personal causation*. New York: Academic Press.

Deci, E.L. & Ryan, R.M. (2000). The "what" and "why" of goal pursuits: Human needs and the self-determination of behavior. *Psychological Inquiry, 11*, 227-268.

Deng, K. & Chu, T. (2011). Adaptative evolution of cooperation through darwinian dynamics in public goods games. *PLoS One, 6*(10):e25496.

García-Mas, A., Olmedilla, A., Morilla, M., Rivas, C. García E. & Ortega, E. (2006). Un nuevo modelo de cooperación deportiva y su evaluación mediante un cuestionario. *Psicothema, 18*(3), 425-432.

García-Mas, A., Olmedilla, A., Ortega, E., Almeida, P., Lameiras, J., Sousa, C. & Cruz, J. (2009). Cooperation and cohesion in competitive soccer teams. *International Journal of Hispanic Psychology, 2*(1), 689-696.

Glymour, C. (2003). *The mind's arrows: Bayes nets and graphical causal models in psychology*. Cambridge: MIT Press.

Glymour, C., Scheines, R., Spirtes, P. & Kelly, K. (1986). *Discovering causal structure*. Technical report CMU-PHIL-1.

Heckerman, D. (1997). Bayesian networks for data mining. *Data Mining Knowledge Discovery, 1*, 79-119.

Heckerman, D., Geiger, D. & Chickering, D. M. (1995). Learning Bayesian networks: the combination of knowledge and statistical data. *Machine Learning, 20*, 197-243.

Jensen, F. V. & Nielsen, T. D. (2007). *Bayesian networks and decision graphs* (2nd ed.). Information Science & Statistics. New York: Springer.

Lameiras, J., Almeida, P., Ortega, E., Olmedilla, A. & García-Mas, A. (in press). Cooperation and Goal Orientation in young team players. *Perceptual and Motor Skills*.

Landsheer, J.A. (2010). The specification of causal models with Tetrad IV: a review. *Structural Equation Modelling: A Multidisciplinary Journal, 17*, 703{711.

Larrañaga, P. & Moral, S. (2011). Probabilistic graphical models in artificial intelligence. *Applied Software Computing*, 1511-1528.

Leo, F. M., Sánchez-Miguel, P. A., Sánchez-Oliva, D., Amado, D. & García-Calvo, T. (2011) Incidence of cooperation, cohesion and collective efficacy on performance in football teams. *International Journal of Sport Science, 7*, 341-354.

Liu, Y., Chen, X., Zhang, L., Wang, L. & Perc, M. (2012) Win-stay-lose-learn promotes cooperation in the spatial prisoner's dilemma game. *PLoS One, 7*(2):e30689.

Lonsdale, C., Hodge, K. & Rose, E. (2008). The Behavioral Regulation in Sport Questionnaire (BRSQ): Instrument Development and Initial Validity Evidence. *Journal of Sport and Exercise Psychology, 30*, 323{355.

Miller, B. W., Roberts, G. C. & Ommundsen, Y. (2005). Effect of perceived motivational climate on moral functioning, team moral atmosphere perceptions, and the legitimacy of intentionally injurious acts among competitive youth football players. *Psychology of Sport and Exercise*, 6(4), 461-477.

Neapolitan, R. E. (2003). *Learning Bayesian networks*. New Jersey: Pearson Prentice Hall.

Norsys Software Corporation (2012). Netica is a trademarks of Norsys Software Corporation. Retrieved from http://www.norsys.com. Copyright 1995 – 2012.

Olmedilla, A., Ortega, E., Almeida, P., Lameiras, J., Villalonga, T., Sousa, C., Torregrosa, M., Cruz, J. & García-Mas, A. (2011). Cohesión y cooperación en equipos deportivos. *Anales de Psicología*, 27(1), 232-238.

Pearl, J. (2000). *Causality. Models, reasoning and inference*. Cambridge: Cambridge University Press.

Pelletier, L. G., Fortier, M. S., Vallerand, R.J., Tuson, K. M., Brire, N. M. & Blais, M. R. (1995). Toward a new measure of intrinsic motivation, extrinsic motivation and amotivation in sports: The Sport Motivation Scale (SMS). *Journal of Sport and Exercise Psychology*, 17, 269-286.

Ponseti, F.J., Palou, P., Borras, P., Vidal, J., Cantallops, J., Ortega, F., Boixados, M., Sousa, C., García-Calvo, T. & García-Mas, A. (2012). El Cuestionario de Disposición al Engaño en el Deporte (CDED): su aplicación a jóvenes deportistas. *Revista de Psicología del Deporte*, 21(1), 75-80.

Poundstone, W. (1992). *The dilemma of the Prisoner*. New York: Anchor Books, Doubleday.

Reinboth, M. & Duda, J. L. (2006). Perceived motivational climate, need satisfaction and indices of well-being in team sports: a longitudinal perspective. *Psychology of Sport and Exerecise*, 7(3), 269-286.

Ryan, R. M. & Deci, E. L. (2000). Self-determination theory and the facilitation of intrinsic motivation, social development and well-being. *American Psychologist*, 55(1), 68-78.

Scheines, R., Spirtes, P., Glymour, C., Meek, C. & Richardson, T. (1998). The TETRAD project: constraint based aids to causal model specification. *Multivariate Behavioural Research*, 331, 65-117.

Spirtes, P., Glymour, C. & Scheines, R. (1993). *Causation, prediction and search*. Lecture Notes in Statistics. New York: Springer-Verlag.

Suri, S. & Watts, D.J. (2011). Cooperation and contagion in web-based, networked public goods experiments. *PLoS One*, 6(3):el6836.

Viladrich, C., Torregrossa, M. & Cruz, J. (2011). Calidad psicométrica de la adaptación española del Cuestionario de Regulación Conductual en el Deporte. *Psicothema*, 23(4), 788-794.

Vukov, J., Santos, F. C. & Pacheco, J. M. (2011). Incipient cognition solves the spatial reciprocity conundrum of cooperation. *PLoS One*, 6(3):el7939.

Wermuth, N. & Lauritzen, S., (1990). On substantive research hypotheses, conditional independence graphs and graphical chain models. *Journal of the Royal Statistical Society: Series B (Methodological)*, 52(1), 21-50.

Wu, T., Fu, F. & Wang, L. (2011). Moving away from nasty encounters enhances cooperation in ecological prisoner's dilemma game. *PLoS One*, 6(11):e27669.

MODIFICACIONES REGLAMENTARIAS EN BALONCESTO DE FORMACIÓN: UN NUEVO EQUIPAMIENTO, UNA NUEVA PERSPECTIVA.

Enrique Ortega Toro
Facultad de Ciencias del Deporte.
Universidad de Murcia

Francisco Alarcón López
Facultad de Ciencias de la Actividad Física y del Deporte.
Universidad Católica San Antonio

María Isabel Piñar López
Facultad de Ciencias del Deporte.
Universidad de Granada.

Trabajo subvencionado por el Ministerio de Ciencia e Innovación (DEP-2010-16140)

INTRODUCCIÓN

El proceso de iniciación deportiva con niños debe respetar una serie de principios pedagógicos, psicológicos, metodológicos y de seguridad que garanticen la formación integral del individuo (Cárdenas, 2000; Fontecha, 2003; Ortega, 2006; Ortega, Palao, Puigcerver, 2009; Piñar, Cárdenas, Miranda, y Torre, 2008). Es necesario que la actividad física y el deporte sea adaptada al niño, por lo que es imprescindible que los profesores de educción física y los entrenadores sean capaces de adaptar tanto las sesiones de enseñanza-entrenamiento como las competiciones a las características del joven deportista (Ortega, Piñar, Salado, Palao, y Gómez, 2012).

Son muchos los autores que indican la necesidad de adaptar las reglas y equipamientos del deporte a las características de los jóvenes deportistas para lograr un proceso adecuado de enseñanza aprendizaje. Todos estos autores señalan que diferentes adaptaciones en el reglamento o en las condiciones de práctica del deporte suponen una mejora en el proceso de formación. Desde la década de los 50 se ha señalado la necesidad de crear minideportes que permitan adaptar las reglas y equipamientos del deporte al joven deportista, en diferentes contextos deportivos como por ejemplo el baloncesto, el fútbol o el balonmano.

En baloncesto desde la década de los cincuenta hasta la actualidad se han realizado trabajos de investigación en los que se estudia la relación entre los parámetros biomecánicos del lanzamiento a canasta con la variable distancia de lanzamiento (Elliot, 1992; Liu y Burton, 1999; Mckay, 1997; Miller, 1996; Reid, 1963; Spear, 1951; Swander, 1969). Estas investigaciones, aunque no se centran en edades de formación, buscaban establecer a qué distancia de lanzamiento la técnica empezaba a desvirtuarse. En la mayoría de estos trabajos de investigación se concluye que conforme se aleja el lugar de lanzamiento se desvirtúan los parámetros mecánicos de ejecución y, por lo tanto, se produce una disminución en la eficacia de lanzamiento. Estos trabajos sirvieron como base para la inclusión a mediados de los años 80 de la línea de tres puntos en baloncesto a 6,25m. Sin embargo, estos estudios no dan valores de referencia sobre las distancias de lanzamiento adecuadas para las diferentes fases del proceso de formación con jóvenes jugadores.

En esta misma línea, también existen investigaciones que estudian la influencia de la modificación de la altura del cesto sobre los parámetros biomecánicos del lanzamiento (Chase, Ewing, Lirgg y George, 1994; Ferreira y Barata, 1996; Liu y Burton, 1999; Mckay, 1997; Pangman, 1982; Satern, Messier y Kéller-McNultu, 1989; Stinar, 1981; Weidner, 1998). Los resultados de estos estudios varían en función de la muestra analizada.

Si la muestra eran sujetos en etapas de formación, se observaba que la disminución de la altura de la canasta suponía un incremento en la adquisición de parámetros mecánicos adecuados, y en la consecución del éxito, mientras que con jugadores adultos la reducción de la altura no suponía ningún tipo de alteración sobre su mecánica de lanzamiento. Éstas sirvieron de fundamentación para la utilización de canastas más bajas, adaptadas a los niños en mini-basket.

Por otro lado hay trabajos de investigación que han analizado la influencia del tamaño del balón en la acción del lanzamiento desde distintas perspectivas: eficacia en el juego (Haywood, 1978; Husak, Poto y Stein, 1986; Isaac y Karpman, 1981; Jushasz y Wilson, 1982;), biomecánica (Button, MacLeod, Sanders y Coleman, 2003; Elliot y White, 1989; Ferreira y Abrantes, 2001; Kunz, 1974; Regimbal, Séller y Plimpton, 1992; Rojas, 1997; Sánchez, 1997), y psicológica (Chase et al., 1994; Esper, 1998; Miller, 1971). La gran mayoría de autores, señalan que utilizar balones adaptados a las características de los jóvenes deportistas supone un incremento en la eficacia del lanzamiento y del bote, desde la perspectiva de la eficacia en el juego, una mejora en la ejecución desde la perspectiva mecánica del gesto, y una mejora en la satisfacción, la autoeficacia, y la autoestima, desde la perspectiva psicológica.

Piñar (2005) demostró las ventajas de realizar diferentes adaptaciones reglamentarias en el minibasket. En concreto, planteó la reducción del número de jugadores, la inclusión de la línea de 3 puntos, y la modificación del terreno de juego. Estas modificaciones, supusieron un incremento en la participación activa del jugador, de manera que se realizaban mayor número de 1x1, de lanzamientos, de puntos, etc., en definitiva mayor número de acciones eficaces positivas. Estos resultados, fueron determinantes para las últimas modificaciones reglamentarias que se han producido a nivel regional y nacional en del deporte del minibasket. Estos datos supusieron que la Federación Española de Baloncesto adaptara e incluyera nuevas normas en el reglamento del minibasket actual (Cárdenas, Piñar y Baquero, 2001; Piñar y Cárdenas, 2004; Piñar, 2005; Piñar, Cárdenas, Alarcón, Escobar y Torre, 2009).

Sin embargo, una vez instaurados dichos mini-deportes, no se aprecia en la bibliografía trabajos de investigación que señalen en qué medida esos deportes adaptados están realmente permitiendo un proceso de enseñanza-aprendizaje progresivo y adecuado a las características del joven deportista. De igual modo, son escasos los trabajos de investigación que hayan añadido nuevas propuestas concretas y específicas de adaptación al reglamento/equipamientos o a las condiciones de práctica del deporte en edad escolar (Escudero y Palao, 2004; Lapresa, Arana y Garzón, 2006; Piñar, 2005).

En la actualidad, prácticamente se siguen practicando los mismos mini-deportes que hace 30 años.

En este sentido, a nivel nacional, los cambios propuestos en casi todos los deportes se ciñen, casi exclusivamente, a la categoría alevín, no apreciándose una adaptación progresiva conforme incrementa la edad del deportista. Por ello, son muy pocos los deportes que realizan adaptaciones en la edad de 13-14 años (categoría infantil).

En el deporte del baloncesto, solo en las competiciones federadas de algunas comunidades autónomas, se realiza una pequeña adaptación relacionada con el tiempo de juego de cada jugador. En ningún caso, adaptaciones ni reglamentarias ni de equipamientos deportivos.

PROPUESTAS PRÁCTICAS

Teniendo en cuenta los estudios realizados y expuestos anteriormente, las tendencias de los nuevos sistemas de enseñanza educativos, fomentan la necesidad de realizar una enseñanza basada en dos pilares fundamentales: la enseñanza individualizada, y la enseñanza comprensiva. Se busca que los docentes y entrenadores en etapas de formación, puedan ir avanzando en sus contenidos de enseñanza en función de cómo vayan evolucionando los deportistas, de manera que serán los propios deportistas los que se vayan poniendo su ritmo de aprendizaje. Una manipulación en las sesiones de enseñanza-aprendizaje de una determinada regla de juego, condición de práctica del deporte o equipamiento deportivo, implica una modificación en la adquisición de la habilidad deportiva.

En el deporte de baloncesto existen pocos estudios que den continuidad a las modificaciones reglamentarias en categorías superiores al minibasket. Según Piñar et al. (2012) las modificaciones reglamentarias no se han hecho de forma coordinada con el resto de categorías, imposibilitándose el proceso de planificación deportiva en su totalidad e incumpliéndose el criterio de enseñanza progresiva defendido por diversos expertos (Cárdenas, 2000; Ortega, 2006). Más aún, las adaptaciones realizadas en las diferentes categorías podrían no haber conseguido el objetivo de adaptar la competición a las capacidades físicas, psicológicas y motrices de los jugadores (Cárdenas, 2006; Piñar, 2005; Piñar et al., 2009)

Para poder dar el siguiente paso de la adaptación reglamentaria en la categoría infantil, habría que decidir qué cambios serían los más adecuados. Una de las formas que se puede conseguir este conocimiento es conocer la opinión de entrenadores y expertos. Existen pocos trabajos que tengan en cuenta esta opinión sobre estas modificaciones. En concreto Ortega et al. (2012) administraron el Cuestionario de Modificación Reglamentaria de la Competición a un total de 101 entrenadores, y a 14 expertos. Los resultados más significativos señalaron que el 85.7% de los entrenadores y el 78.6% de los expertos cambiarían alguna regla y/o material de la competición en la categoría infantil. Destacó principalmente la opinión, tanto de entrenadores como de expertos, sobre la necesidad de modificar la altura de la canasta, disminuir el tamaño del balón, acercar la línea de tres puntos, modificar el sistema de victorias, eliminar la defensa en zona, y eliminar el K.O.

Recientemente Piñar et al. (2012), en un estudio descriptivo sobre las fases de ataque en la categoría infantil, llegan a conclusiones similares proponiendo modificaciones reglamentarias que reduzcan la complejidad de las fases de ataque con el objetivo de conseguir los planteamientos de formación, que en las condiciones actuales de competición no se llegan a lograr. Todos estos trabajos de investigación indican que ni los sistemas de juego propuestos por los entrenadores, ni las reglas de juego y equipamientos deportivos impuestos por las respectivas federaciones deportivas, parecen ser el medio ideal para lograr una adecuada formación deportiva. Por tanto, la gran mayoría de estudios plantean la necesidad de que se modifiquen algunas de las reglas impuestas por las federaciones deportivas, y/o que se adapten los equipamientos deportivos desde dos perspectivas:

a) que se realicen modificaciones genéricas a la reglamentación federativa actual en las competiciones deportivas;

b) que los profesores de educación física y los entrenadores deportivos, puedan realizar modificaciones y adaptaciones de las reglas y equipamientos deportivos en las sesiones de enseñanza.

En este sentido, para poder manipular los equipamientos deportivos y permitir adaptarlos a las necesidades evolutivas y de desarrollo a los jóvenes deportistas, será necesario diseñar y construir equipamientos deportivos que permitan, además de utilizarlo bajo el criterio del reglamento deportivo, utilizarlo desde una perspectiva de su máxima funcionalidad y variabilidad posible, permitiendo modificar, sus dimensiones (altura, tamaño, distancias, etc.), proporciones, utilidades, etc., sin olvidar en ningún momento realizarlo en las máximas condiciones de seguridad.

OBJETIVOS

El objetivo del presente capítulo es exponer una experiencia piloto con una canasta (equipamiento deportivo) diseñada atendiendo a las necesidades, prioridades y preferencias de los entrenadores, profesores de educación física y gestores deportivos. Para ello fueron necesarias tres grandes fases:

1) Estudio de la funcionalidad, normalización, seguridad, transporte, almacenamiento y coste económico de los equipamientos deportivos;

2) Diseño y construcción de canastas, que atiendan a la funcionalidad, normalización y seguridad registrada en la fase anterior; y

3) Evaluación del uso de dichos equipamientos deportivos, en el proceso de enseñanza-aprendizaje, atendiendo a la participación, la satisfacción deportiva, el nivel de aprendizaje adquirido y la seguridad.

FASE 1.- Estudio de la funcionalidad, normalización, seguridad, transporte, almacenamiento y coste económico de los equipamientos deportivos

El objetivo de esta fase fue registrar la opinión de los profesionales de la actividad física y del deporte, sobre las posibles mejoras y adaptaciones de canastas de baloncesto, desde el punto de vista de su funcionalidad, normalización y seguridad. Para ello se registró la opinión de 333 profesionales de ciencias de la actividad física y del deporte (CCAFD). Estos datos fueron utilizados por el grupo de investigación para poder presentar una propuesta concreta de construcción de canastas basada en la revisión bibliográfica y en los datos obtenidos en dicho estudio. Los resultados más significativos de dicho estudio se presentan a continuación:

La canasta debe permitir un uso tanto para docencia como para entrenamiento.

El material con el que está construido debe permite que la canasta este a la intemperie, si bien, siempre será más adecuado que estén en interior.

Debido a la inexistencia de almacenes, no preocupa su facilidad para ser plegada, permitiendo su rigidez, mayor estabilidad y firmeza. En cualquier caso, sería interesante que se pudiera plegar y guardar.

Es necesario una gran estabilidad. No es recomendable disponer de contrapesos transportables, sino de un solo contrapeso, sujeto de manera fija a la canasta.

Su diseño, la estructura de sus palancas, y sus ruedas debe permitir que se pueda transportar con facilidad.

Sería recomendable que la estructura se apoyase en una base cuadrangular (no en un solo poste, como la gran mayoría de canastas que se recogen de las patentes), lo que permitiría una fácil sujeción de protecciones, tanto frontales como laterales.

Desde un punto de vista pedagógico, debe permitir grandes modificaciones. Principalmente debe permitir una fácil movilidad, lo que facilitaría diseñar campos más pequeños entre canasta y canasta, lo que puede ser muy interesante para facilitar muchas situaciones de lanzamientos, ya que apenas se invierte tiempo en trasportar el balón de pista trasera a pista delantera.

Por otro lado, debe permitir modificar la altura de las canastas de manera que el entrenador/profesor pueda utilizar multitud de alturas posibles, si bien en todo momento debería saber la altura exacta que utiliza, y así poder ir realizando planificaciones adaptadas a las necesidades de sus jugadores, controlando en todo momento la altura a la que se encuentra la canasta.

El mecanismo de modificación de la altura, debe ser tremendamente sencillo, a la vez que seguro.

FASE 2.- Diseño y construcción de canastas, que atiendan a la funcionalidad, normalización y seguridad registrada en la fase anterior.

A partir de los datos del estudio realizado en la fase 1, y de las propuestas de los miembros del grupo de investigación, la empresa de material y equipamiento deportivo Calidad Deportiva, S.L, construyó un prototipo de juego de canastas.

FASE 3.- Evaluación del uso de las nuevas canastas, en el proceso de enseñanza-aprendizaje, atendiendo a la participación, la satisfacción deportiva, el nivel de aprendizaje adquirido y la seguridad.

El objetivo general de la tercera fase fue evaluar el uso de dicho equipamiento deportivo (Canasta), en el proceso de enseñanza-aprendizaje en la sesiones de enseñanza secundaria obligatoria.

MUESTRA Y PROCEDIMIENTO

Para ello se aplicó una unidad didáctica para la mejora del baloncesto a un total de 72 niños pertenecientes a tres grupos de segundo curso de Enseñanza Secundaria Obligatoria, durante 10 semanas. Dentro de cada uno de los grupos, y realizado de forma aleatoria, la mitad del grupo (n=35) practicaba la unidad didáctica en canastas a la altura reglamentaria (3.05cm), mientras que la otra parte del grupo (n=37) lo hacía en canastas que permitían modificar su altura según los objetivos de los ejercicios, de manera que a veces se encontraba a 2.80cm, otras veces 2.40cm, etc.

Se utilizó un diseño pre-prueba post-prueba con grupo control. En la globalidad del proyecto se analizaron diferentes variables, las cuales se pueden agrupar en cuatro grandes apartados:

Cantidad de práctica: se registró la cantidad de práctica de cada tarea de enseñanza-aprendizaje a través de:

Número de repeticiones realizadas: se registró el número total de ejecuciones realizadas en cada tarea por todos los alumnos, registrando el número de acciones exitosas y las no exitosas.

Intensidad de tarea: se registró la frecuencia cardiaca de los alumnos a lo largo de cada sesión.

Tiempo de práctica de ejecución: se registró el tiempo durante el cual los alumnos están participando activamente realizando las acciones que se les han solicitado en la tarea.

Tiempo de espera: se registró el tiempo en el que los alumnos no se encuentran ejecutando algún ejercicio, sin incluirse el tiempo de información inicial.

Tiempo de información inicial o explicación de ejercicios: se registró el tiempo durante el cual el profesor describe los aspectos técnico-tácticos y de organización necesarios para la comprensión y desarrollo correcto de la tarea por parte de los alumnos.

Tiempo de organización de la sesión: se registró el tiempo que transcurre en la preparación del material específico necesario para poder llevar a cabo lo planificado.

Tiempo de organización de las tareas o ejercicios: se registró el tiempo que transcurre desde que finaliza una tarea o ejercicio, hasta que se vuelve a preparar y colocar el material necesario para continuar con la tarea siguiente.

Calidad de práctica: se registró el grado de consecución de los distintos aspectos técnico-tácticos buscados para cada tarea.

Ejecución global del gesto técnico: se registró el nivel de eficiencia de las ejecuciones realizadas (técnica y parámetros biomecánicos).

Eficacia global de la toma de decisión: se registró el nivel de las ejecuciones realizadas en relación a la toma de decisión - momento adecuado.

Control sobre el aprendizaje: se registró las variables referidas al producto del proceso del aprendizaje en dos momentos, al inicio (pre-test) y al final (post-test). Las variables que se registraron fueron:

Valoración cuantitativa de los procedimientos: se registró la cantidad de ejecución de diferentes habilidades deportivas. Estableciendo los criterios de ejecución en función de los objetivos procedimentales.

Valoración de actitudes: se registró la actitud de los sujetos para con la práctica deportiva.

Valoración de conceptos: se registró la valoración sobre el conocimiento teórico de los sujetos sobre conceptos relacionados con el entrenamiento.

Auto-evaluación del profesor: se registró por medio de una entrevista la opinión del docente implicado directamente en el estudio.

Auto-evaluación del alumno: se registró por medio de una entrevista la opinión del alumno, sobre su proceso de enseñanza-aprendizaje.

Variables psicológicas: se registraron las siguientes variables de índole psicológico:

Autoeficacia Física General, para lo cual se utilizó el cuestionario diseñado por Godoy (1996).

Autoeficacia específica individual y grupal, para lo cual se diseñó un cuestionario siguiendo la Guía de Elaboración de cuestionarios específicos de autoeficacia de Bandura (1999), y del instrumento diseñado por Ortega (2005) para jugadores de baloncesto.

Cooperación deportiva, a través del instrumento diseñado por García-Mas et al. (2006).

Variables psicológicas relacionadas con la satisfacción de la sesión, con un instrumento ad hoc, el cual se administró al finalizar cada una de las sesiones de la unidad didáctica.

Las Estrategias motivaciones en clase de educación física, a través de la adaptación del instrumento de Cervelló, Moreno, Villar, y Reina (2007). Dentro de las estrategias motivacionales, se analizaron de forma separada las estrategias vinculadas con el rendimiento y las relacionadas con la maestría.

RESULTADOS

En el presente capítulo se exponen solo algunos de los resultados obtenidos en la fase 3, en concreto se expondrá algunos resultados del análisis del cuarto grupo de variables: las variables psicológicas. Para mayor información se pueden poner en contacto con cualquiera de los autores.

En primer lugar, se realizó un estudio descriptivo de las diferentes variables objeto de estudio. Posteriormente, para conocer la incidencia de la aplicación del programa de intervención, se utilizó una análisis de varianza de dos factores (2x2) (Grupo x Tiempo), con medidas repetidas (pre-post) en el último factor. Se utilizó el Test de Bonferroni para realizar las comparaciones Post-Hoc. Para calcular las posibles diferencias en las variables relacionadas con la satisfacción entre los alumnos pertenecientes a los diferentes grupos, se utilizo la prueba T de Student para muestras independientes. En todos los casos se utilizó un nivel de significación de $p<.05$.

Autoeficacia específica individual

Al analizar los datos sobre percepción de autoeficacia específica individual, en la figura 1 se aprecia que el efecto de la interacción del factor grupo x momento de la medición fue estadísticamente significativo ($F_{1,62}$ = 4.448, p=.039). Por lo tanto, se puede señalar que el pertenecer a un grupo o a otro afecta en la evolución de los niveles de autoeficacia específica individual.

En concreto, al analizar la evolución de la percepción de los niveles de autoeficacia específica individual en los diferentes grupos (figura 1), se aprecian aumentos en ambos grupos, si bien las diferencias no son estadísticamente significativas en el grupo control ($F_{1,62}$ = 2.442, p=.123), pero sí en el grupo experimental ($F_{1,62}$ = 19.815, p=.001).

No se apreciaron diferencias estadísticamente significativas de autoeficacia específica individual en la medida inicial entre los diferentes grupos ($F_{1,62}$ = .115, p=.736), lo que denota una homogeneidad entre los grupos control y experimental.

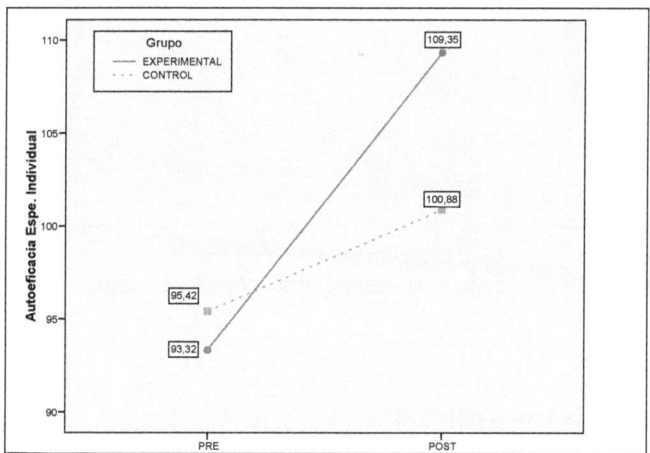

Figura 1.- Autoeficacia específica individual según planteamiento didáctico.

Autoeficacia específica colectiva.

Al analizar los datos sobre percepción de autoeficacia específica colectiva, en la figura 2 se observa que el efecto de la interacción del factor grupo x momento de la medición no fue estadísticamente significativo ($F_{1,62}$ =

.577, p=.451). Por lo tanto, se puede señalar que el pertenecer a un grupo o a otro no afecta a la evolución de los niveles de autoeficacia específica colectiva.

En concreto, al analizar la evolución de la percepción de los niveles de autoeficacia específica colectiva en los diferentes grupos (figura 2), se aprecian aumentos estadísticamente significativos en ambos grupos tanto en el grupo control ($F_{1,62}$ = 11.426, p=.001), como en el grupo experimental ($F_{1,62}$ = 5.743, p=.020).

No se apreciaron diferencias estadísticamente significativas de autoeficacia específica individual en la medida inicial entre los diferentes grupos ($F_{1,62}$ = .111, p=.740), lo que denota una homogeneidad entre los grupos control y experimental.

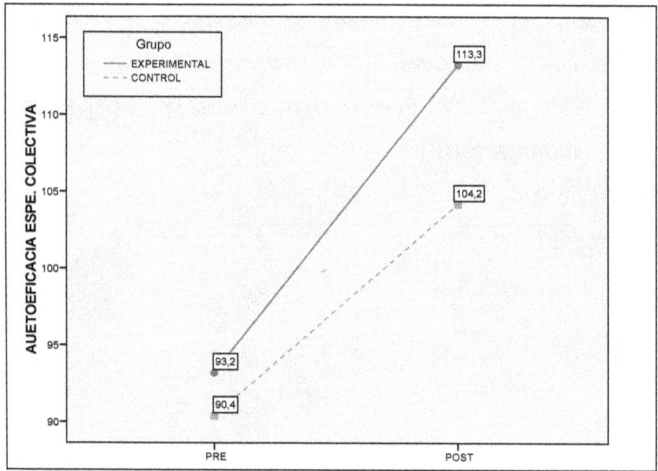

Figura 2.- Autoeficacia específica colectiva según planteamiento didáctico

Autoeficacia física general.

Al analizar los datos sobre percepción de autoeficacia física general, en la figura 3 se aprecia que el efecto de la interacción del factor grupo x momento de la medición no fue estadísticamente significativo ($F_{1,67}$ = .046, p=.831). Se puede señalar que el pertenecer a un grupo o a otro no afecta a la evolución de los niveles de autoeficacia física general.

En concreto, al analizar la evolución de la percepción de los niveles de autoeficacia física general en los diferentes grupos (figura 3), se aprecian aumentos estadísticamente significativos en ambos grupos, tanto en el grupo control ($F_{1,67}$ = 19.489, p=.001), como en el grupo experimental ($F_{1,67}$ = 18.499, p=.020).

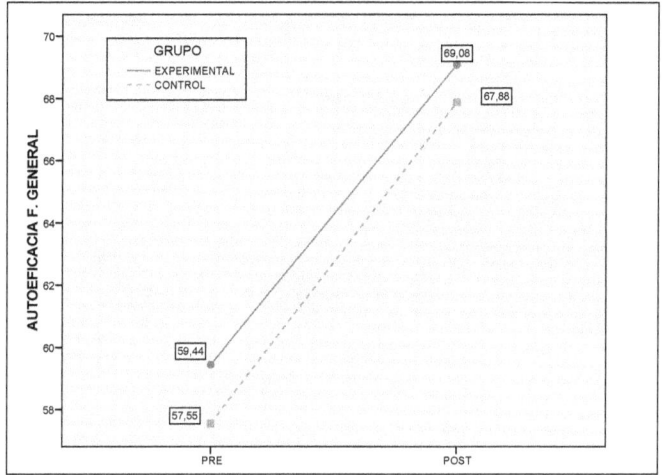

Figura 3.- Autoeficacia física general según planteamiento didáctico

No se apreciaron diferencias estadísticamente significativas de autoeficacia física general en la medida inicial entre los diferentes grupos ($F_{1,67}$ = .355, p=.553), lo que denota una homogeneidad entre los grupos control y experimental.

Cooperación.

Al analizar los datos sobre cooperación, se aprecia que el efecto de la interacción del factor grupo x momento de la medición no fue estadísticamente significativo ($F_{1,66}$ = 1.554, p=.217). Por lo tanto, se puede señalar que el pertenecer a un grupo o a otro no afecta a la evolución de los niveles de cooperación.

En concreto, al analizar la evolución en los valores registrados de cooperación en los diferentes grupos (figura 4), no se aprecian aumentos estadísticamente significativos en ninguno de los grupos, ni en el grupo control ($F_{1,66}$ =.084, p=.773), ni en el grupo experimental ($F_{1,66}$ = 2.173, p=.145). En cualquier caso, destaca que los sujetos del grupo experimental aumentan sus valores de la medida inicial a la final, mientras que los sujetos del grupo control empeoran sus valores de cooperación.

No se apreciaron diferencias estadísticamente significativas de cooperación en la medida inicial entre los diferentes grupos ($F_{1,66}$ = 2.173, p=.145), lo que denota una homogeneidad entre los grupos control y experimental.

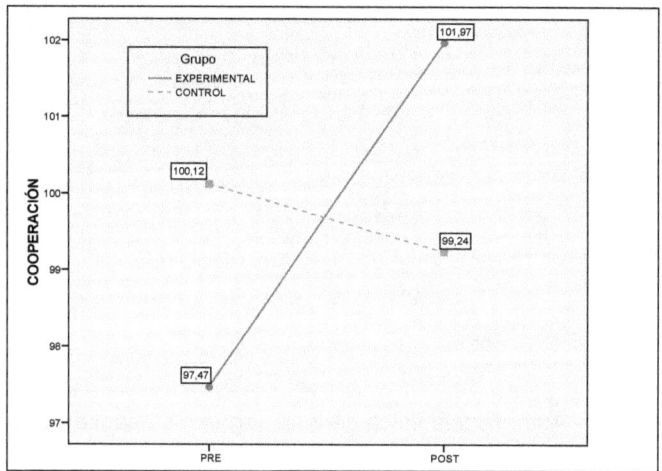

Figura 4.- Cooperación según planteamiento didáctico

Variables relacionadas con la diversión y satisfacción en clase.

Para el análisis de las variables relacionadas con la satisfacción y diversión en clase se diseñó una batería de preguntas, que se administraron en todos las sesiones de la unidad didáctica. En la tabla 1 se aprecian los valores medios del total de sesiones y alumnos de las diferentes variables relacionadas con la satisfacción de las clases de educación física, según el planteamiento didáctico (modificación de la altura de la canasta Vs no modificación).

Tabla 1.- Variables relacionadas con la satisfacción y diversión en clase de Educación Física según grupo

Variable	Grupo		PValor
	Experimental	Control	
¿Te has divertido en el en la clase de hoy?	8,00	7,58	.008
¿Te has divertido al jugar con tus compañeros?	8,06	7,68	.014

Variable	Grupo		PValor
	Experimental	Control	
¿Estás satisfecho con tu actuación en la clase de hoy?	7,80	7,33	.003
¿Has practicado lo suficiente durante el ejercicio para que el ejercicio fuese divertido?	7,66	7,36	.043
¿Te ha ayudado la clase a mejorar tu habilidad jugando a baloncesto?	7,34	7,47	.662
¿Crees que tus compañeros han ayudado todo lo posible para conseguir los objetivos que ha dicho el profesor?	7,54	7,28	.117
¿Has conseguido alcanzar los objetivos planteados para la clase por parte del profesor?	7,55	7,30	.119
¿Crees que tus compañeros han conseguido los objetivos planteados para la clase por el profesor?	7,44	7,26	.284
¿Crees que tus compañeros valoran tu habilidad de juego?	7,48	6,91	.001
¿Sientes que el profesor está contento con tu actuación durante clase?	7,31	7,01	.067
¿Sientes que el profesor está contento con el trabajo del grupo durante la clase?	7,50	7,13	.028
¿Esta clase te ha animado a seguir dando clases de EF?	6,39	6,46	.783

Los datos de la tabla 1, señalan que en todas las variables psicológicas relacionadas con la satisfacción, salvo en "¿Esta clase te ha animado a seguir dando clases de EF?" y "¿Te ha ayudado la clase a mejorar tu habilidad jugando a baloncesto?", los sujetos del grupo experimental presentaron valores superiores a los sujetos del grupo control, destacando principalmente en las variables "¿Te has divertido en el en la clase de hoy?", y "¿Te has divertido al jugar con tus compañeros?".

Estrategias motivacionales de rendimiento.

Al analizar los datos sobre los valores obtenidos en estrategias motivacionales hacia el rendimiento, se aprecia que el efecto de la interacción del factor grupo x momento de la medición fue estadísticamente significativo ($F_{1,56}$ = 5.473, p=.023). Por lo tanto, se puede señalar que el pertenecer a un grupo o a otro afecta a la evolución de los niveles de estrategias motivacionales hacia el rendimiento.

En concreto, al analizar la evolución en los valores registrados de estrategias motivacionales hacia el rendimiento en los diferentes grupos (figura 5), se aprecian aumentos estadísticamente significativos en ambos grupos, tanto en el grupo control ($F_{1,56}$ =4.953, p=.030), como en el grupo experimental ($F_{1,56}$ = 30.625, p=.001). En cualquier caso, destaca que los sujetos del grupo experimental aumentan mucho más sus valores de la medida inicial a la final, que los sujetos del grupo control.

No se apreciaron diferencias estadísticamente significativas de estrategias motivacionales hacia el rendimiento en la medida inicial entre los diferentes grupos ($F_{1,56}$ = .774, p=.383), lo que denota una homogeneidad entre los grupos control y experimental.

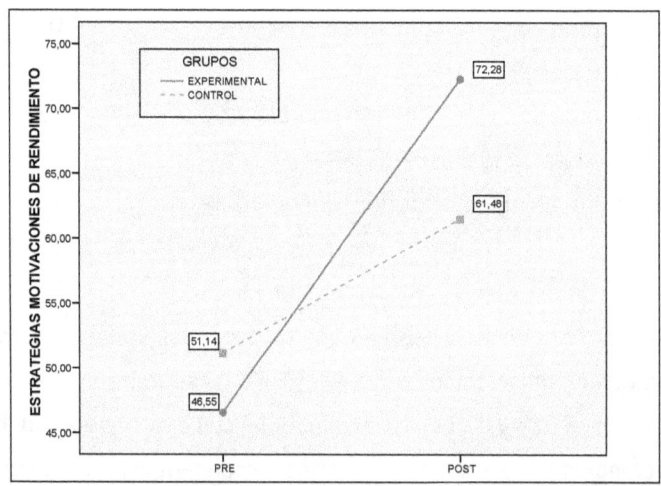

Figura 5.- Estrategias motivacionales de rendimiento según planteamiento didáctico

Estrategias motivacionales de maestría.

Al analizar los datos sobre los valores obtenidos en estrategias motivacionales hacia la maestría, se aprecia que el efecto de la interacción del factor grupo x momento de la medición no fue estadísticamente significativo ($F_{1,46}$ = .605, p=.441). Por lo tanto, se puede señalar que el pertenecer a un grupo o a otro no afecta a la evolución de los niveles de estrategias motivacionales hacia la maestría.

En concreto, al analizar la evolución en los valores registrados de estrategias motivacionales hacia la maestría en los diferentes grupos (figura 6), no se aprecian aumentos estadísticamente significativos en ninguno de los grupos, ni en el grupo control ($F_{1,46}$ =.002, p=.965), ni en el grupo experimental ($F_{1,46}$ = 1.664, p=.203). En cualquier caso, destaca que los sujetos del grupo experimental aumentan mucho más sus valores de la medida inicial a la final, que los sujetos del grupo control.

No se apreciaron diferencias estadísticamente significativas de estrategias motivacionales hacia la maestría en la medida inicial entre los diferentes grupos ($F_{1,56}$ = .185, p=.669), lo que denota una homogeneidad entre los grupos control y experimental.

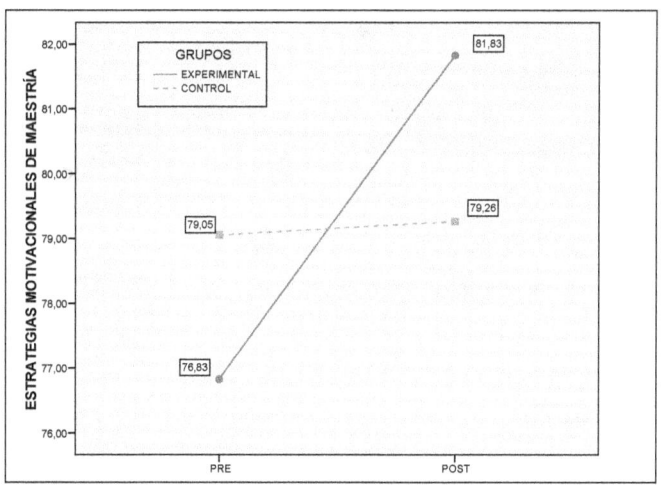

Figura 6.- Estrategias motivacionales de maestría según planteamiento didáctico

DISCUSIÓN

Desde una perspectiva global, la aplicación de un programa de intervención mediante el desarrollo de una unidad didáctica de baloncesto, ya sea manteniendo constante la altura del cesto, o adaptando ésta a las necesidades del ejercicio, tal y como se ha diseñado en el grupo control y el grupo experimental estudiados, parece favorecer el aumento en las variables psicológicas analizadas, excepto en las puntuaciones del grupo control en cooperación, que disminuyen. Sin embargo, es destacable que, en general, las puntuaciones del grupo experimental han sido mayores que las del grupo control, y que además, se puede afirmar que la adaptación de la altura del cesto a las necesidades del ejercicio supone un aumento significativo en la Autoeficacia Específica Individual y en las Estrategias Motivacionales de Rendimiento de los jóvenes deportistas, respecto al trabajo realizado con la altura constante.

Como es habitual, la aplicación de un programa de intervención específico suele implicar una mejora en las variables objeto de estudio, debido a que se mejora lo que se trabaja. En este caso, la unidad didáctica diseñada entre investigadores y profesores, supuso una mejora en la disponibilidad psicológica en las tareas de baloncesto, debido a la propia práctica deportiva.

En este sentido destaca que tanto el grupo al que se le adaptó el equipamiento deportivo como al que no se le adaptó, mejoró estadísticamente en las variables autoeficacia específica colectiva, autoeficacia física general y estrategias motivacionales de rendimiento. De igual forma destaca que tanto el grupo control como el experimental, en el resto de variables, salvo el grupo control en cooperación, aumentaron sus valores.

Al analizar cada una de las variables psicológicas de forma independiente, se aprecia que la variable de autoeficacia específica individual fue la única variable que supuso una mejora estadísticamente significativa para el grupo experimental pero no para el control. Estos datos pueden ser debido a multitud de factores, pero es obvio pensar que la disminución de la altura del cesto implicó un mayor rendimiento, un mayor éxito en el lanzamiento, elemento definitorio en el juego del baloncesto. Al incrementar el éxito en la acción más importante, aumenta la percepción de ser capaz de obtener éxito, debido a la propia experiencia de éxito. En este sentido cabe destacar que las percepciones de eficacia son aspectos claves y están directamente relacionadas con estrategias psicológicas específicas, como por ejemplo el autodiálogo (Son, Jackson, Grove y Feltz, 2011), y con multitud de variables psicológicas, como la motivación hacia la tarea, , la concentración, el control del estrés o la disposición anímica general, todas ellas claves para la adherencia a la práctica deportiva y para la prevención del abandono deportivo (Carlin, Garcés de los Fayos y De Francisco, 2012).

Por otro lado, al analizar la autoeficacia específica colectiva, se aprecia un aumento estadísticamente significativo tanto en el grupo control como experimental, si bien el aumento del grupo experimental es mucho mayor. Estos datos, de nuevo, pueden ser debidos al aumento de éxito, el cual es probable que se deba a la propia práctica deportiva. En cualquier caso, como los sujetos del grupo experimental tienen mayor éxito, debido a la adaptación del equipamiento, la percepción de éxito que el alumno percibe sobre sus compañeros es mayor, que los alumnos que practican en canastas normales.

De forma semejante, se aprecian los mismos resultados al analizar la autoeficacia física general. La propia práctica deportiva hace que los sujetos se perciban mejores físicamente, pero es probable que al apreciarse un mayor éxito en las tareas del grupo experimental, el aumento sea mayor.

Todos estos datos, denotan que los niveles de autoeficacia deben ser medidos de forma específica, y que una de las principales herramientas para la mejora de los niveles de autoeficacia es mejorar los niveles de éxito. En la línea de las propuestas de Ede, Hwang y Feltz (2011), la evaluación de la autoeficacia parece estar relacionada con diferentes aspectos de la práctica deportiva, abriéndose nuevas líneas de investigación como las creencias de eficacia (es decir, eficacia tripartita), o la inteligencia emocional como una fuente de eficacia para el entrenamiento. Parece ser que la propia práctica controlada de ejercicio físico a través de la unidad didáctica de baloncesto, ya implica una mejora en la percepción de éxito, si bien dicha mejora es mayor en el grupo al que se le adata el equipamiento deportivo, seguramente debido a su mayor éxito en las tareas específicas de baloncesto.

Respecto a los resultados en cooperación, es destacable el hecho de que sean los únicos que experimentan un descenso en el grupo control, mientras que aumentan en el experimental. Quizá en la línea de los trabajos de García-Mas y sus colaboradores (García-Mas et al., 2009; Lameiras, Almeida, Ortega, Olmedilla y García-Mas, in press; Olmedilla et al., 2011) es posible que los deportistas que, o bien se sienten más satisfechos o se divierten más en las sesiones de entrenamiento, o bien su percepción de éxito individual y grupal es mayor, tienden a desarrollar conductas cooperativas en el seno de estos grupos. En cualquier caso, parece ser ésta una línea muy interesante de investigación que podría permitir diseñar sesiones mucho más adaptadas tanto a los deportistas como a las situaciones específicas de aprendizaje.

Por otro lado, al analizar la batería de preguntas relacionadas con los niveles de diversión y satisfacción que se aplicaban al finalizar cada una de las sesiones de la unidad didáctica, se aprecia que ambos grupos respondieron valores relativamente elevados, en la línea de otros estudios (Olmedilla, Ortega, et al.,2011; Olmedilla, Ortega, Ortín y Andreu, 2008). De igual forma cabe destacar que se apreciaron diferencias estadísticamente significativas a favor del grupo al que se le adaptaba el equipamiento deportivo en "¿Te has divertido en el en la clase de hoy?", "¿Te has divertido al jugar con tus compañeros?", ¿Estás satisfecho con tu actuación en la clase de hoy?, ¿Has practicado lo suficiente durante el ejercicio para que el ejercicio fuese divertido?, ¿Crees que tus compañeros valoran tu habilidad de juego? y "¿Sientes que el profesor está contento con el trabajo del grupo durante la clase?". Es decir, los alumnos que practicaban en canastas adaptadas, se divertían más, estaban más satisfechos con su práctica deportiva, y tenían la sensación de que tanto sus compañeros como el profesor valoran más y mejor su actuación en la clase.

Al igual que con la utilización de otros recursos, como por ejemplo el video (Ortega, Jiménez y Olmedilla, 2008), la adaptación del equipamiento deportivo puede favorecer la mejora de la percepción subjetiva de la eficacia, ya que está implicando un aumento en el éxito en la acción más importante del juego del baloncesto, el lanzamiento, y parece obvio pensar que los alumnos alcancen más veces el objetivo de juego y por tanto se diviertan más, y se vean más valorados por sus compañeros y por el profesor. Estos datos ratifican la relación existente entre éxito deportivo y percepción de éxito (autoeficacia), y variables como la diversión, satisfacción, percepción de valoración por parte de otros (Ortega, Olmedilla y Cárdenas, 2007).

Finalmente, con respecto a los niveles de motivación, al aplicar el instrumento sobre estrategias motivacionales en clase de educación física, en primer lugar cabe destacar que en ambos grupos, tanto en el pretest, como en el postest, los valores percibidos por los alumnos de estrategias motivacionales hacia la maestría son superiores a los percibidos en estrategias motivacionales hacia el rendimiento. Es decir, los alumnos perciben que las estrategias en clase van más dirigidas hacia la tarea que hacia el ego. En el mismo sentido, se aprecia que tanto el grupo control como el experimental, implicaron aumentos tanto en los niveles de estrategias motivacionales hacia el rendimiento como hacia la tarea

Sin embargo, los datos del presente estudio señalan que con respecto a las estrategias motivacionales hacia el rendimiento, la pertenencia al grupo experimental implicó un aumento estadísticamente significativo mayor que la pertenencia al grupo control. Es decir, los alumnos que han adaptado la altura de las canastas durante sus ejercicios en la unidad didáctica, incrementaron de forma estadísticamente significativa mayor su percepción en los niveles de estrategias motivacionales hacia el rendimiento, que el resto de alumnos. En el mismo sentido, pero sin apreciarse diferencias estadísticamente significativas también se observó que los alumnos del grupo experimental incrementaron en mayor medida su percepción de estrategias motivacionales hacia la tarea.

Por tanto, se observó un aumento mayor en el grupo experimental que en el grupo control, tanto en la percepción de estrategias motivacionales hacia la tarea como hacia el rendimiento. Es probable que este aumento sea debido a la propia dinámica generada principalmente por el profesor, aspecto en el que el grupo de investigación no entró a analizar ni modificar en ningún momento. En este sentido, el aumento exagerado en las estrategias motivacionales hacia el éxito, puede ser debido a que al haber más éxito debido a la adaptación de la altura del cesto en el grupo experimental, el profesor centrase su feedback sobre dicho éxito. De igual modo, el propio éxito en el rendimiento deportivo, puede ser la causa de que también hubiera un ligero aumento en la percepción de motivación hacia la tarea. En cualquier caso, estos resultados apuntan en la línea de lo encontrado por Almagro, Sáenz-López y Moreno-Murcia (2012) resaltando la importancia de fomentar climas de aprendizaje enfocados a la tarea y que traten de satisfacer necesidades de autonomía, competencia y relación con los demás durante los entrenamientos para obtener perfiles motivacionales más autodeterminados.

En este sentido, desde el grupo de investigación se cree necesario hace hincapié en la importancia de la participación del profesor de educación física para la percepción de los alumnos. La implicación, la focalización del feedback, el planteamiento de los objetivos, etc., en definitiva la metodología de enseñanza que utilice el profesor será determinante para que los alumnos perciban las clases de educación física en un sentido u otro, independientemente de la tarea como tal, en nuestro caso adaptada o no. En cualquier caso, las tareas adaptadas permiten un mayor éxito por parte del alumno, lo que podría ser un entorno ideal para que el profesor centrase su actividad docente en la tarea y no en el éxito, pues este ya se está dando. De esta manera el alumno percibiría un clima motivacional más adecuado para su mejora, educativa y deportiva.

REFERENCIAS BIBLIOGRÁFICAS

Almagro, B.J., Sáenz-López, P. y Moreno-Murcia, J.A. (2012). Perfiles motivacionales de deportistas adolescentes españoles. *Revista de Psicología del Deporte, 21*(2), 223-231.

Button, C., MacLeod, M., Sanders, R. y Coleman, S. (2003). Examining movement variability in the basketball free-throw action at different skill levels. *Research Quaterly for Exercise and Sport, 74* (3), 257-269.

Cárdenas, D. (2000). *El entrenamiento integrado de las habilidades visuales en la iniciación deportiva.* Málaga: Aljibe.

Cárdenas, D., Piñar, M. I. y Baquero, C. (2001). Minibasket: ¿un deporte adaptado a los niños?.*Clinic. Revista Técnica de Baloncesto, 55,* 4-11.

Carlin, M., Garcés de los Fayos, E.J. y De Francisco, C. (2012), El síndrome de burnout en deportistas: nuevas perspectivas de investigación. *Revista Iberoamericana de Psicología del Ejercicio y el Deporte, 7*(1), 33-47.

Cervelló, E., Moreno, J.M., Villar, F., y Reina, R. (2007). Desarrollo y validación de u instrumento de medida de las estrategias motivacionales empleadas en las clases de educación física. *Revista Iberoamericana de Psicología del Ejercicio y el Deporte, 2*(2), 53-72.

Chase, M.A., Ewing, M.E., Lirgg, C.D., y George, T.R. (1994). The effects of equipment modification on children´s self-efficacy and basketball shooting performance. *Research Quaterly for Exercise and Sport, 65,*2, 159-168.

Ede, A., Hwang, S. y Feltz, D.L. (2011). Current directions in self-efficacy research in sport. *Revista Iberoamericana de Psicología del Ejercicio y el Deporte, 6*(2), 181-201.

Elliot, B. (1992). A kinematic comparison of the male and female two point and three point jumps shots in basketball. *The Australian Journal of Science and Medicine in Sport, 24* (4), 111-118.

Elliot, B. y White, E. (1989). A kinematic and kinetic analysis of the female two point and three point jump shots in basketball. *The Australian Journal of Science and Medicine in Sport, 21* (2), 7-11.

Escudero, J.M. y Palao, J.M..(2004). Incidencia de la modalidad de juego (fútbol 7 y fútbol 11) sobre la utilización de medios técnicos en ategorías de formación (11-12 años). *Lecturas: Educación Física y deportes, 74*

Esper, P. (1998). *Estudio sobre el tamaño del balón ideal en baloncesto para los jugadores de 13-14 años.* Extraído el 14 de Enero, 2000 de http://.www.baloncestoformativo.8k.com.

Ferreira, A. P. y Abrantes, J. (2001). *Basquetebol e biomecanica. Uma análise cinemática do lançamento ao Cesto.* Lisboa: Ediçoes FMH.

Ferreira, A.P. y Barata, R. (1996). A influencia da Altura do cesto no lancamento – Análise da prestaçao de um grupo de jovens do escalao de infantis. *Revista Horizonte, 71*, 177-179

Fontecha, C. (2003). Pautas metodológicas para un aprendizaje eficaz. En A. López, C. Jiménez y R. Aguado (Eds.), *Didáctica del baloncesto en las etapas de formación* (pp.43-57). Madrid: Editores.

García-Mas, A., Olmedilla, A., Morilla, M., Rivas, C., García, E., y Ortega, E. (2006). Un nuevo modelo de cooperación deportiva y su evaluación mediante un cuestionario. *Psicothema, 18*(3), 425-432.

García-Mas, A., Olmedilla, A., Ortega, E., Almeida, P., Lameiras, J., Sousa, C. y Cruz, J. (2009). Cooperation and Cohesion in Football Teams in Competition. International *Journal of Hispanic Psychology, 2*(1), 689-696.

Haywood, K.M. (1978). *Children´s basketball performance with regulation and junior-sized baskets.* St. Louis: University of Missouri.

Husak, W.S., Poto, C. y Stein, G. (1986). The women's smaller basketball. It's influence on performance and attitude. *Journal of Physical Education, Recreation and Dance, 57* (9), 18-26.

Isaacs, L.D. y Karpman, M.B. (1981).Factors effecting children´s basketball shooting performance: A log-linear analysis. *Carnegie School of Phisycal Education and Human Movement, 1,* 29-32.

Juhasz, M. Y Wilson, B.D. (1982). Effect of ball size on shooting characteristics of juniors basketballers in comparison to adults. *Australian Journal of Sport Science, 2*(2), 16-20.

Kunz, H. (1974). Effects of ball mass and movement pattern on release velocity in trowing. In R. Nelson y C. Morehaouse (Eds.), Proceedings of 4th International Seminar on Biomechanics (pp. 163-168).Baltimore: University Park Press.

Lameiras, J., Almeida, P., Ortega, E., Olmedilla, A. y García-Mas, A. (in press). Cooperation and Goal Orientation in young team players. *Perceptual & Motor Skills*

Lapresa, D., Arana, J. y Garzón, B. (2006). El fútbol 9 como alternativa al fútbol 11, a partir del estudio de la utilización del espacio de juego. *Apunts: Educación física y deportes, 86*, 34-44.

Liu, S. y Burton, A.W. (1999). Changes in basketball shooting patterns as a function of distance. *Perceptual and Motor Skill, 89*, 831-845.

Mckay, L.L., (1997). *Biomechanical parameters influencing fourth grade children´s free throw shooting*. Tesis Doctoral, Universidad de Temple, USA.

Miller, C.R. (1971). *The effect of the size of the ball and the height of the basket on the learning of selected basketball skills by fifth grade boys*.[Tesis Doctoral].Faculty of Springfield College.

Miller, S. (1996). The relationships between kinematic variables and shooting distances in basketball: a re-evaluation. In Joao M.CC.S.Abrantes (Ed.), Proceedings of 14th International Simposium on Biomechanics in Sport (pp. 220-223). Lisboa: Ediçoes FMH.

Olmedilla, A., Bazaco, M.J., Ortega, E. y Boladeras, A. (2011). Formación psicológica, satisfacción y bienestar percibido en futbolistas jóvenes. *Revista Científica Electrónica de Psicología, 12,* 221-237

Olmedilla, A., Ortega, E., Almeida, P., Lameiras, J., Villalonga, T., Sousa, C., Torregrosa, M., Cruz, J. y García-Mas, A. (2011). Cohesión y cooperación en equipos deportivos. *Anales de Psicología, 27(1),* 232-238.

Olmedilla, A., Ortega, E., Ortín, F.J. y Andreu, M.D. (2008). Entrenamiento psicológico en fútbol: satisfacción y aplicabilidad. *Revista Iberoamericana de Psicología del Ejercicio y del Deporte, 3*(1), 31-46.

Ortega, E. (2005). *Autoeficacia y deporte*. Sevilla: Wanceulen Editorial Deportiva.

Ortega, E. (2006). *La competición como medio formativo en el baloncesto*. Sevilla: Wanceulen.

Ortega, E. Piñar, M.I. Salado, J. Palao, J.M. y Gómez, M.A. (2012). Opinión de expertos y entrenadores sobre el reglamento de la competición infantil en baloncesto. *Revista Internacional de Ciencias del Deporte, 28,* 142-150.

Ortega, E., Jiménez, J.M. y Olmedilla, A. (2008). Utilización del vídeo para la mejora de la percepción subjetiva de la eficacia competitiva y del rendimiento en jugadores de baloncesto. *Revista de Psicología del Deporte 17*(2), 279-290.

Ortega, E., Olmedilla, A y Cárdenas, D. (2007). La participación activa como base fundamental para la mejora del lanzamiento en baloncesto de formación. *Revista de Ciencias del Ejercicio y de la Salud, 5*(1), 1-8.

Ortega, E., Palao, J.M., y Puigcerver Mula, C. (2009).Frecuencia cardiaca, formas de organización y situaciones de juego en baloncesto. *Revista Internacional de Medicina y Ciencias de la Actividad Física y el Deporte, 9* (36), 393-413.

Pangman, J.R. (1982). *Weihgt variance of basketball related to kinesthetic sense in free throw shooting*. Doctoral Thesis. Indiana University.

Piñar, M.I. (2005). *Incidencia del cambio de un conjunto de reglas de juego sobre algunas de las variables que determinan el proceso de formación de los jugadores de minibasket (9-11 años)*. Tesis Doctoral. Universidad de Granada.

Piñar, M.I. y Cárdenas, D. (2004). El minibasquet 3x3 y sus aportaciones al juego del niño durante la competición. En C. Jiménez, C. López y A. López (Ed.) *II Curso de didáctica del baloncesto en las etapas de iniciación* (pp.16-37). Madrid: Editores.

Piñar, M.I., Cárdenas, D., Alarcón, F., Escobar, R., y Torre, E. (2009). Participation of minibasketball players during small-sided competitions. *Revista de Psicologia del Deporte, 18* (suppl), 445-449.

Piñar, M.I., Cárdenas, D., Miranda, M.T., y Torre, E. (2008). Factores que afectan al aprendizaje durante la competición e influyen en la formación del jugador de minibasket. *Habilidad motriz: Revista de ciencias de la actividad física y del deporte, 31*, 5-15.

Piñar, M.I., Estevez, F., Ortega, V., Conde, J., Alarcón, F., y Cárdenas, D. (2012). Características de las fases de ataque en categoría infantil masculina. *Revista Internacional de Medicina y Ciencias de la Actividad física y el Deporte (en prensa).*

Regimbal, C., Deller, J. y Plimpton, C. (1992). Basketball size as related to children´s preference, rated skill, and scoring.*Perceptual and Motor Skills, 75*, 867-872.

Reid, J.L. (1963). *A study of basketball field goal attempts in certain high school games to determine the relative accuracy of different kinds of shots from various areas and distances from the goal.* Thesis of Master. University of Brigham.

Rojas, F.J. (1997). *Efecto de la oposición sobre factores biomecánicos del lanzamiento en salto tras carrera previa en baloncesto.* Tesis Doctoral. Universidad de Granada.

Sánchez, A. (1997). *Influencia de los factores biomecánicos que determinan la eficacia del lanzamiento sobre el nivel de rendimiento deportivo en baloncesto.* Tesis Doctoral. Universidad de Granada.

Satern, M.N., Messier, S.P., y Keller-McNulty, S. (1989). The effectes of ball size and basket height on the mechanics of the basketball free throw. *Journal of Human Movement Studies, 16*, 123-137.

Son, V., Jackson, B., Grove, J. R., y Feltz, D. L. (2011). "I am" versus "We are": Effects of distinctive variants of selftalk on efficacy beliefs and motor performance. *Journal of Sports Science,29*, 1417-1424.

Spear, K. E. (1951).*The effect of distance and angle on basketball goal shooting accuracy.*Thesis of Master.University of Kansas.

Stinar, R.A. (1981). *The effects of modified and regulation basketball equipment on the shooting ability of nine to twelve hildren.* Doctoral Dissertation.University of Maryland.

Swander, R. D. (1969). *The effects of varied distances and basket sizes on basketball shooting ability.*Doctoral Dissertation. University of Indiana.

Weidner, J.A.. (1998). *The Effects of a modified Ball in developing the volleyball pass and set for high-school students.* [Tesis Doctoral]. Northern Illinois University.

LOS FACTORES SITUACIONALES Y EL RENDIMIENTO EN BALONCESTO

Miguel Ángel Gómez Ruano
Facultad de Ciencias de la Actividad Física y del deporte.
INEF-Madrid. UPM

INTRODUCCIÓN

El análisis del rendimiento en baloncesto ha seguido una evolución constante a lo largo de las últimas décadas reflejando un avance en el registro y análisis de los indicadores de rendimiento en baloncesto (O'Donoghue, 2010). En este sentido los estudios se han centrado en un análisis "estático" mediante el registro de indicadores de rendimiento (i.e., rebotes, pérdidas de balón, faltas cometidas, etc.), de manera general, los indicadores se han registrado en diferentes partidos conformando una secuencia de acciones que conducen a ganar, perder o tener éxito. Sin embargo, desde el "notational analysis" (o "performance analysis" como establece O'Donoghue, 2010) aparece una crítica a este tipo de investigaciones, en particular debido a que el registro de variables discretas ha llevado a desvincular unas acciones de juego con las que le preceden o las que suceden posteriormente (Vilar, Araujo, Davids, & Button, 2012). Así, en baloncesto nos encontramos con diversos estudios de investigadores nacionales y extranjeros que han aportado información sobre los indicadores de rendimiento que permite diferencias la victoria de la derrota (Kozar, Vaughn, Whitfield, Lord, & Dye, 1994; Ittenbach & Esters, 1995; Sampaio, & Janeira, 2003; Trninić, Dizdar, & Lukšic, 2002; Gómez, Lorenzo, Sampaio, Ibáñez & Ortega, 2008b), las diferencias por género (Sampaio, Ibáñez, & Feu, 2004), las diferencias en función de la categoría de juego (Ibáñez, Sampaio, Saénz-López, Giménez, & Janeira 2003; Dežman, Erčulj, & Vučković, 2002; Lorenzo, Gómez, Ortega, Ibáñez, & Sampaio, 2010), en función del éxito y la duración de la competición (Ibáñez, García, Feu, Lorenzo, & Sampaio, 2009; Ibáñez, Sampaio, Feu, Lorenzo,

Gómez, & Ortega 2008) o en función de la localización del partido (Gómez, Lorenzo, Barakat, Ortega, Palao, 2008a). Estos estudios, han tratado de explicar desde diferentes perspectivas/ teorías los resultados encontrados, así las teorías de momentos críticos (o "game criticality") se ha asociado con acciones finales de partido como tiros libres o porcentajes de acierto en los lanzamientos; las teorías del "behavioral momentum" o del "choking under pressure" se han relacionado con los indicadores de rendimiento positivos y negativos del equipo respectivamente durante el partido; los diferentes "estilos de juego" han formado parte de explicaciones sobre la importancia del rebote defensivo y los lanzamientos de 2 puntos anotados; o por ejemplo la teoría de la "facilitación social" se ha asociado con los indicadores de rendimiento en función de la localización del mismo. Estas asociaciones se hicieron de una manera reflexionada buscando justificar y establecer relaciones entre indicadores de rendimiento y teorías explicativas.

Frente a estas propuestas han surgido aportaciones recientes que demandan una mayor información de los estudios sobre indicadores de rendimiento en baloncesto, quizás, la información ofrecida a los entrenadores e investigadores es escasa en términos de aplicabilidad al entrenamiento y a la competición (Vilar, et al., 2012). En este sentido, comienza a abrirse una nueva línea de investigación que busca establecer relaciones entre acciones de juego y éxito durante el partido, tratando de analizar las conductas desde una perspectiva interactiva e interrelacionada con aquellos factores que afectan directamente al rendimiento de jugadores/ equipos. Así, aparece dentro del análisis "estático" la importancia del estudio de los "factores situacionales" permitiendo conocer qué efectos interactivos aparecen durante el juego de determinados comportamientos (por ejemplo: la influencia de los tiempos muertos en función del cuarto de juego, la localización del partido y el marcador parcial).

LOS FACTORES SITUACIONALES

El concepto de factores situacionales incluye las acciones y/ o las diferentes situaciones de juego que pueden influenciar el rendimiento de jugadores a nivel conductual. El estudio de los factores situacionales es reciente y debe de abordarse en profundidad para conocer la importancia de sus interacciones durante el juego del baloncesto. Los factores situacionales son: localización del partido, marcador parcial en el partido, periodo de juego, tipo de competición y nivel/ calidad del equipo rival.

Uno de los aspectos más característicos de los factores situacionales es su estudio independiente con respecto a los demás factores, exponiendo una de las limitaciones de los estudios previos, donde se ha considerado sólo de forma aislada su influencia en el rendimiento. Para una mejor descripción de cada uno de los factores situaciones se presentan a continuación los diferentes estudios que han caracterizado el rendimiento en baloncesto, buscando comprender qué interacciones aparecen entre los mismos.

La localización de los partidos

Dentro de los factores situacionales, la localización de los partidos ha sido uno de los tópicos más estudiados en baloncesto, en concreto mediante el fenómeno del "home advantage effect" (ventaja de jugar en casa). Este tópico de estudio ha dado origen a diferentes teorías explicativas (i.e., antropológica, psicológica, territorialidad, sociológica, etc) destacando una serie de factores relacionados con la influencia en los comportamientos de jugadores y entrenadores, como son el público, los viajes, la familiaridad de la pista, la influencia del arbitraje y las diferentes tácticas de juego (Pollard, 2008; Pollard & Pollard, 2005). En baloncesto, los primeros estudios que se han encontrado datan de la década de los 50 en baloncesto universitario (Hill, 1952; Hobson, 1955) encontrando mejores rendimientos cuando se jugaba en casa en comparación con cuando se jugaba fuera. En la actualidad, hay estudios más recientes que muestran valores del "home advantage" que se sitúan cerca del 60% (Tabla 1), aunque existen claras variaciones en función de la muestra y del país analizado.

Tabla 1. Valores de la ventaja de jugar en casa en diferentes estudios de baloncesto.

Estudio	Temporadas	Competición	Home advantage (%)
Pollard y Pollard (2005)	1946-2003	NBA	60.0%
Pollard & Gómez (2007)	1995-96 hasta 2006-07	NBA	60.3%
		España	61.3%
		Francia	63.0%
		Grecia	66.3%
		Italia	66.4%
Gómez et al., (2007)	2004-2005	Liga Femenina	59.6%
Gómez et al (2008a)	2004-2005	ACB	58.5%
Sampaio et al., (2008)	2004-2005	Euroleague	66.0%
Gómez & Pollard (2011)	2003-04 hasta 2008-09	Bulgaria	59.7%
		España	61.6%
		Grecia	65.0%
		Lituania	56.1%
		Rumania	65.1%
		Rusia	59.7%
		Turquía	58.1%
Gómez et al., (2011)	2005-06 hasta 2009-10	ACB	62.9%
Pollard &Gómez (2012)	2006-07 hasta 2009-10	NCAA	66.6%
		NBA	59.9%

En estudios recientes (Gómez & Pollard, 2011; Pollard & Gómez, 2007) se ha encontrado un fuerte interacción entre el fenómeno de la ventaja de jugar en casa con el nivel o habilidad de los equipos, destacando que el "home advantage" está influenciado por el nivel de los equipos, es decir, a mayor nivel del equipo menor efecto de la ventaja de jugar en casa, debido a que dicho equipo obtendrá resultados similares en su campo y como visitante. Asimismo, en ambos estudios se ha encontrado una clara relación entre regiones con una influencia cultural y étnica que incrementa la ventaja de jugar en casa (i.e., región de los Balcanes) y regiones que reducen el efecto o ventaja de jugar en casa como las capitales de países (Gómez & Pollard, 2011; Pollard & Gómez, 2007). En este sentido hay que destacar que los estudios sobre el efecto de jugar en casa no ha estudiado en detalle las influencias de los países con mayores (y menores) valores de la ventaja de jugar en casa en relación con indicadores de rendimiento, estas investigaciones podrían ofrecer una mayor información de cara a conocer el efecto de jugar en casa.

Por otra parte, considerando indicadores de rendimiento, y no sólo los valores generales del efecto o ventaja de jugar en casa, nos encontramos que existe una clara influencia en los indicadores de rendimiento en función de la localización del partido (Silva & Andrew, 1981; Varca, 1980) debido a varias teorías como la facilitación social y la territorialidad, ambas relacionadas con conductas agresivas, que pueden establecer una "agresividad funcional" que facilita la consecución de éxito como un robo de balón o un tapón, y la "agresividad disfuncional" que produce precipitación y reduce el éxito como puede ser una falta cometida o un lanzamiento forzado. Dentro de estos estudios se ha reflejado que las variables que favorecen las victorias locales se centran en los rebotes defensivos, las asistencias y el acierto en lanzamientos de 2 y 3 puntos, mientras que los equipos visitantes en sus derrotas se caracterizan por los errores y fallos en el lanzamiento de 2 y 3 puntos (Gómez et al., 2007, 2008b; Sampaio & Janeira, 2003). El estudio de Sampaio et al., (2008) analizando las diferencias por puestos específicos entre los partidos de casa y fuera en la temporada 2004-2005 de la Euroleague, mostraba que los bases locales jugaban más asertivos que los visitantes, y los aleros visitantes jugaban más asertivos que los locales, indicando una diferenciación del efecto de jugar en casa por puestos de juego.

Sin embargo, tal y como se apuntó anteriormente, estos indicadores son interesantes pero su aportación necesita de implementación del registro observacional de acciones interrelacionadas como son las defensas, en este sentido Gómez, Lorenzo, Ibáñez, Ortega, Leite, and Sampaio (2010) estudiaron las sistemas defensivos en la liga ACB española en función de la localización del partido, destacando que los equipos locales utilizan más tiempo las defensas individuales, mientras que los equipos visitantes utilizan más variedad defensiva (individual, zonal, mista y presionantes), asimismo los primeros obtenían más puntos por posesión que los visitantes cuando atacaban ante defensas individuales, pero no frente al resto de tipos de defensas.

De acuerdo con este factor situacional, podemos afirmar que tiene una clara influencia en el juego a nivel global (i.e., temporada completa), parcial (i.e., partidos analizados) y momentáneo (i.e, acciones defensivas o sistemas ataque), de modo que el analista de rendimiento debe tener en cuenta la localización del partido cuando trata de analizar el rendimiento en baloncesto.

Marcador parcial en el partido

Dentro del análisis de este factor debemos tener en consideración que el baloncesto es un deporte donde las puntuaciones son elevadas, lo que conduce a situaciones de constante alternancia en el marcador y se puede ir ganado, empatando y perdiendo a lo largo de un partido con diferentes márgenes en el tanteo (amplias, moderadas y/o reducidas) al igual que ocurre en voleibol, waterpolo o balonmano (Marcelino, Mesquita, & Sampaio, 2010). En este sentido, los estudios que analizan el factor del "match status" (o marcador parcial) en baloncesto son muy reducidos. Los estudios realizados en otros deportes de equipo (fútbol, voleibol o rugby) muestran que los equipos cuando van ganando juegan posesiones más largas con menor nivel de riesgo, mientras que cuando van perdiendo se incrementa la intensidad del juego buscando recuperar la ventaja en el marcador (Bloomfield et al, 2005; Castellano, Blanco-Villaseñor & Álvarez, 2011; Lago, Casais, Dominguez & Sampaio, 2010; O´Donoghue & Tenga, 2011; Shaw & O´Donoghue, 2004). En un estudio reciente (Sampaio, Lago, Casais, & Leite, 2010a) se analizaron 504 cuartos de la liga ACB (temporada 2008-2009) estudiando las diferencias de puntuaciones al inicio y al final del cuarto, los resultados mostraron que los equipos cuando van perdiendo recuperan mayores diferencias en el marcador cuanto mayor es la diferencia al inicio del cuarto. Estos resultados son similares a los encontrado en otros deportes de equipo y refuerzan la idea que cuando los equipos van perdiendo aumentan la intensidad de juego para recuperar las diferencias en el marcador.

En otro estudio Gómez, Jiménez, Navarro, Lago, & Sampaio (2011) estudiaron 144 tiempos muertos en el Campeonato de Europa de Baloncesto del año 2007 (Madrid, España), analizando las diferencias en el coeficiente de eficacia ofensivo (CEO) y defensivo (CED) antes y después del tiempo muerto en función de los marcadores parciales (ganado, equilibrado y perdiendo). Los resultados mostraron que los equipos que piden el tiempo muerto cuando van perdiendo o con un marcador equilibrado anotan más puntos y reciben menos puntos anotados después del tiempo muerto, que en las situaciones en las que el equipo que pide el tiempo muerto va ganando, momento en el que obtiene peores coeficientes de eficacia ofensivo después del tiempo muerto.

En los dos estudios presentados destaca la importancia del marcador parcial en el partido, sin embargo, hay mucha información por descubrir, en otros deportes como el fútbol, se han establecido relaciones entre "match status" y zonas del campo utilizadas, tiempos de posesión de balón, velocidades y tipos de desplazamiento de los jugadores, número de pases utilizados, tipo de acciones ofensivas, etc. (James, Mellalieu, & Holley, 2002; Lago, 2009; Lago & Acero, 2007). Por lo tanto, en baloncesto el analista de rendimiento debe considerar este factor situacional y además debe buscar esa información necesaria para conocer aquellos patrones de juego más característicos cuando se va ganando, empatando o perdiendo.

El periodo de juego

La influencia del periodo de juego es un factor muy importante en el desarrollo del baloncesto, hay que tener en cuenta que el juego de baloncesto se desarrolla en 4 cuartos de 10 minutos, donde está permitido la solicitud de tiempos muertos, y que en caso de empate se disputa un periodo extra (prorroga) durante 5 minutos para determinar qué equipo es el ganador. Con estas características, aparece la importancia de diferentes teorías explicativas que tratan de analizar la evolución del rendimiento de los equipos a lo largo del partido. Por un lado, Bar-Eli y Tracktinsky (2000) han estudiado la importancia de los momentos críticos en baloncesto, estableciendo una teoría sobre "estados de crisis" en los jugadores que les conduce a reducir su rendimiento en situaciones finales o con marcadores ajustados en el marcador. Desde una perspectiva de minutos de juego, diversos autores han establecido que los últimos 5 minutos del partido son los más críticos (Bar-Eli & Tenenbaum, 1998; Ferreira & Barreto, 2007; Navarro, Lorenzo, Gómez, & Sampaio, 2009). Por otro lado, otros estudios han incidido en la importancia de los primeros minutos del partido en baloncesto a la hora de influir en el rendimiento de los jugadores/ equipos (Sampaio et al., 2010a; Sampaio, Lago, & Drinkwater, 2010b).

Uno de los estudios recientes que ha abordado las diferencias de rendimiento por cuarto es el de Sampaio et al., (2010b) donde los autores estudiaron los partidos disputados por el equipo de Estados Unidos en los Juegos Olímpicos de Beijing (2008), los resultados mostraron que los mejores rendimientos se encontraban en los dos primeros cuartos del partido debido al mayor ritmo de juego, recuperando más balones y obteniendo acciones rápidas de contraataque. En esta misma línea, Sampaio et al., (2010a) analizaron 504 cuartos de la liga ACB, tratando de conocer las diferentes tendencias de rendimiento a lo largo de cada cuarto (puntos al inicio y al final del cuarto) en interacción con las variables localización del partido y nivel del rival, los resultados mostraron una clara influencia de la localización del partido en el primer y el segundo cuarto. Mientras que la influencia del nivel del equipo rival se producía en el segundo y tercer cuarto del partido.

Por otro lado, Gómez et al., (2011) analizando los 144 tiempos muertos en el Campeonato de Europa de baloncesto de 2007 (Madrid), encontraron diferentes tendencias en el rendimiento entre los últimos 5 minutos de partido y los 35 primeros minutos del mismo. Los resultados mostraron que el coeficiente de eficacia ofensivo de los equipos que pedían el tiempo muerto después de estos era superior en los últimos 5 minutos del partido en comparación con los primeros 35 minutos del partido. Esta influencia de los momentos finales ha sido estudiada en relación con la importancia del porcentaje de acierto de los tiros libres tras la petición de un tiempo muerto en los últimos 5 minutos de partido, no encontrando diferencias en el rendimiento (Kozar, Whitfield, Lord, & Mechikoff, 1993). En un estudio reciente, Navarro et al., (2009) estudiaron los momentos críticos en la liga ACB española, encontrando 41 situaciones de momentos críticos (durante los últimos 5 minutos de partido y diferencias menores a 3 puntos en el marcador). Los resultados mostraron que los tiros libres y los lanzamientos de 3 puntos anotados diferenciaban a los equipos ganadores de los perdedores.

Estos estudios, por tanto, muestran que el juego del baloncesto no se desarrolla de manera constante, sino que tiene momentos de variabilidad en los diferentes cuartos/ minutos del partido, hay que destacar que la teoría del "behavioral/ psychological momentum" como fundamento teórico explicativo de las conductas y comportamientos que se producen en el baloncesto (Iso-Ahola & Mobily, 1980; Mace, Lalli, Shea & Nevin, 1992; Burke, Burke & Joyner, 1999, Burke, Aoyagi, Joyner & Burke, 2003; Roane, Kelley, Trosclair & Hauer, 2004; Smisson, Burke, Joyner, Munkasy & Blom, 2007). Esta teoría establece diferentes estados psicológicos que pueden beneficiar (i.e., aciertos en el lanzamiento de 3 puntos) o perjudicar (i.e., pérdidas de balón) el rendimiento a lo largo del partido. En esta línea de investigación, el analista de rendimiento debe tener en consideración este factor situacional como influyente e interrelacionado con la localización del partido y el nivel del equipo rival en el rendimiento de jugadores y equipos en baloncesto.

Tipo de competición.

Otro de los factores que en baloncesto tiene gran repercusión sobre el rendimiento es el tipo de competición, diferentes estudios han mostrado que los partidos que se disputan en las fases regulares de la liga y los partidos del playoff tienen perfiles de rendimiento diferentes (Gómez, et al., 2008b; Sampaio & Janeira, 2003). En función del formato de competición, nos encontramos ante diferentes escenarios como puede ser un partido de la primera vuelta de la fase regular con un nivel de presión reducida hasta un partido de la última jornada donde los equipos se juegan mantener la categoría, o bien un partido de desempate del playoff en las semifinales o la final de la liga donde ambos equipos se juegan el título. Por lo tanto, los contextos de juego en baloncesto pueden variar mucho, tradicionalmente se han analizado competiciones sin buscar la comparación entre los diferentes formatos de competición, encontrando que en las fases regulares las diferencias en el rendimiento entre equipos ganadores y perdedores se debe a los rebotes defensivos y a los lanzamientos de 2 puntos anotados (Gómez, et al., 2008b; Sampaio & Janeira, 2003); además, en situaciones de playoff los tiros libres y las faltas cometidas juegan un papel fundamental (Sampaio & Janeira, 2003). Sin embargo, en competiciones internacionales (Euroleague, Campeonatos de Europa y del Mundo, y Juegos Olímpicos) los estudios (Dežman, Erčulj, & Vučković, 2002; Trninić, Dizdar, & Lukšić, 2002) muestran tendencias de juego diferentes destacando gran variedad de indicadores de rendimiento asociados a la victoria (i.e., rebotes ofensivos y defensivos, asistencias, tiros libres, pérdidas de balón, lanzamientos de 2 y 3 puntos anotados, etc.). Por lo tanto, cuando se analiza una competición se debe tener en cuenta el efecto de este factor situacional.

De manera particular, hay estudios que han mostrado un uso diferente de las tácticas de juego, en el caso de los sistemas defensivos Gómez et al., (2010) analizaron los sistemas defensivos en la temporada 2004-2005 de la fase regular de la liga ACB encontrando un uso mayoritario de las defensas individuales en medio campo, sin embargo Gómez, Tsamourtzis, y Lorenzo (2006) analizando los sistemas defensivos de la misma competición pero durante partidos del playoff, encontraron que la defensa individual era la más utilizada, pero en estos partidos se utilizaron mayor número de defensas presionantes y combinadas que en la fase regular.

Por otra parte Mexas, Tsitskaris, Kyriakou, y Garefis (2005) analizaron la efectividad de los ataques organizados en 25 partidos de la Liga Griega de baloncesto y 25 partidos del campeonato de Europa de baloncesto, sus resultados mostraron que no existieron diferencias estadísticamente significativas en la efectividad entre ambas competiciones. Sin embargo, Fotinakis, Laparidis, Karipidis, y Taxildaris (2002) compararon dos competiciones de baloncesto, la NBA y la liga europea (Euroleague y Supraleague), analizando diferentes indicadores de rendimiento. Los resultados mostraron resultados diferentes entre ambas competiciones con mayores acciones de contraataque y acciones con duraciones entre 8-16 segundos en la NBA, y más acciones con duraciones entre 16-24 segundos en las competiciones europeas, la finalización de las acciones se caracterizaba en la NBA por la finalización de los pivots, mientras que en las competiciones europeas se realizaban por los bases y aleros. Estos estudios ponen de manifiesto las diferencias existentes entre cada competición y en el estilo de juego y el rendimiento de los equipos. Por su parte, Sampaio, Janeira, Ibáñez y Lorenzo (2006) analizaron el rendimiento de los jugadores de 3 niveles competitivos, la NBA, la liga ACB y la liga Portuguesa de baloncesto, encontrando diferencias significativas por puestos de juego, mostrando diferentes perfiles de rendimiento en cada nivel de competición.

De acuerdo con estos estudios, el nivel competitivo condiciona el rendimiento y en ocasiones genera diferentes tipos de partidos en función del

marcador (i.e., ajustados, equilibrados, abiertos) o del ritmo de juego por las posesiones de balón (i.e., rápidos y lentos), por lo tanto el analista de rendimiento debe considerar estas circunstancias como condicionantes en el rendimiento en baloncesto. Uno de los aspectos cruciales a tener en cuenta en este factor, son las acciones que jugadores y entrenadores pueden ir empleando para poder controlar las diferencias en el marcador, como pedir un tiempo muerto para modificar estrategias de juego, reservar a jugadores titulares en momentos de la temporada, utilizar los cambios y sustituciones para mejorar el rendimiento del equipo, o forzar faltas en jugadores con una menor aportación al equipo en situaciones de playoff permitiendo una mayor intensidad defensiva.

Nivel/ calidad del equipo rival.

El rendimiento de los equipos de baloncesto está claramente influenciado por el nivel del equipo rival así como por su estilo de juego. Los equipos de baloncesto analizan los puntos fuertes y débiles de sus rivales tratando de adaptar su estilo de juego durante el partido (O'Donoghue, 2009). Dentro de la importancia de este factor situacional, hay que destacar la "Interacting performances theory" establecida por Peter O'Donoghue (2009, p. 27) en 4 partes:

1. El rendimiento está influenciado por un oponente concreto.
2. El resultado final del partido está influenciado por la calidad (ranking o la probabilidad de éxito) y el tipo (características de su estilo de juego) de oponente.
3. El desarrollo del rendimiento a lo largo del partido está influenciado por la calidad (ranking o la probabilidad de éxito) y el tipo (características de su estilo de juego) de oponente.
4. Diferentes jugadores están influenciados por el mismo tipo de oponente en diferentes aspectos del rendimiento.

El autor considera necesario contemplar estos aspectos cuando se trata de analizar el rendimiento de nuestros equipos. Asimismo, las 4 partes están interrelacionadas conformando un esquema teórico que justifica la relevancia del análisis de los equipos rivales. O'Donoghue (2009) establece como proceso sistemático el análisis del rival basándose en los planteamientos de Grehaigne et al., (1997) sobre el rol que tiene el equipo rival en las dinámicas de juego en deportes de equipo.

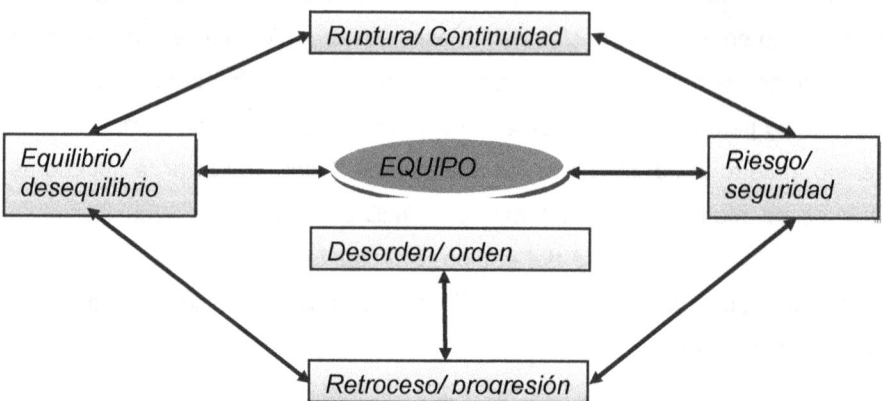

Figura 1. Roles del equipo rival en las dinámicas de juego en el baloncesto (adaptado de Grahaigne, 1997; citado por O'Donoghue, 2009, p.29).

De acuerdo con estos planteamientos, los equipos de baloncesto no sólo tienen estilos de juego que están influenciados por su propio rendimiento, sino que el estilo de juego de los rivales condiciona en gran medida el rendimiento propio. Desde un punto de vista metodológico, el nivel del equipo rival se ha analizado considerando diferentes métodos de clasificación como son: los porcentajes o valores de referencia en los indicadores de rendimiento, en función del ranking o clasificación final de la temporada, mejores y peores equipos, o bien mediante análisis estadísticos de clasificación (i.e., análisis de conglomerados).

En la literatura especializada de baloncesto encontramos diferentes estudios que han empleado las metodologías anteriormente descritas (Ibáñez, et al., 2008). Madrigal y James (1999) estudiaron el efecto de jugar en casa en la liga universitaria femenina (Big Ten, temporadas 1982-1992), para ello diferenciaron los equipos entre fuertes, medios y débiles considerando el porcentaje de victorias de cada equipo en la temporada analizada. Sus resultados mostraron que el efecto de jugar en casa está altamente influenciado por el nivel del equipo rival, incrementándose cuando se jugaba frente a un rival más débil. En este sentido, estudios recientes en baloncesto

(Gómez & Pollard, 2011; Pollard & Gómez, 2007) incorporaron la variable "team ability" en sus estudios de la ventaja de jugar en casa en diferentes ligas de baloncesto masculino, encontrando una clara interacción entre ambos factores situacionales. Es decir, cuando un equipo es muy fuerte su rendimiento en casa y fuera frente a un rival más débil será muy bueno, independientemente de la localización, pero a mayor igualdad de nivel mayor influencia de la localización del encuentro. Siguiendo estos planteamientos, al analizar el rendimiento de nuestro equipo se debe de controlar este factor situacional desde los factores implicados, es decir las características propias del rival como son su ranking en el campeonato, su estilo de juego y las características que presenta al enfrentarse con nuestros equipos a nivel de debilidades y fortalezas.

EFECTOS INTERACTIVOS DE LOS FACTORES SITUACIONALES

El estudio de los factores situacionales y el rendimiento en baloncesto es de reciente aparición, tradicionalmente desde el notational analysis se han realizado aproximaciones mediante el estudio independiente de cada uno de los factores situacionales (i.e., jugar en casa y fuera). Sin embargo, tal y como establecen diversos autores se hace necesaria una investigación que analice las interacciones a mayor nivel proporcionando una mayor información sobre las características del baloncesto desde un análisis más complejo (McGarry & Franks, 2003; Reed & O´Donoghue, 2005). En baloncesto hay que destacar 3 estudios que han analizado los efectos interactivos de los factores situacionales.

Por un lado, Gómez et al., (2011) estudió 144 tiempos muertos en el Campeonato de Europa de baloncesto de 2007 (Madrid), analizando el coeficiente de eficacia ofensivo (puntos anotados/ posesión de balón) y defensivo (puntos recibidos/ posesión de balón) antes y después del tiempo muerto en función del periodo de juego (primeros 35 minutos y últimos 5 minutos de partido) y del match status o marcador parcial (perdiendo, equilibrado, ganando). Los principales resultados de la interacción de las dos variables situacionales fue que los equipos que piden el tiempo muerto mejoran los coeficientes de eficacia ofensivo en mayor medida durante los últimos 5 minutos de partido cuando van ganando o perdiendo, sin embargo cuando el marcador está equilibrado el coeficiente de eficacia ofensivo antes y después del tiempo muerto es similar a lo largo de los dos periodos de tiempo analizados (ver Figura 2).

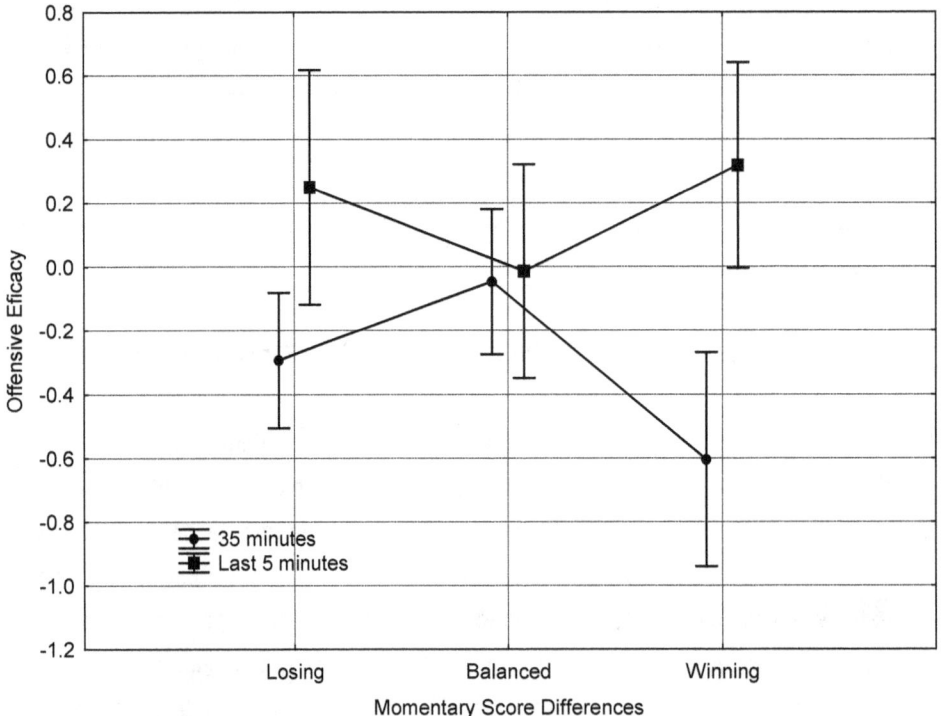

Figura 2. Diferencias en el coeficiente de eficacia ofensivo antes y después de los tiempos muertos en función del periodo de juego y del marcador parcial en el partido (Adaptado de Gómez, et al., 2011).

En un segundo lugar, nos encontramos con el estudio de Sampaio et al., (2010a), los autores analizaron en 504 cuartos de juego de la Liga ACB española, la influencia de los factores situacionales (localización del partido, marcador al inicio y final del cuarto y el nivel del rival) en función del tipo de cuarto (clasificados mediante análisis de conglomerados en equilibrados y desequilibrados según las diferencias en el marcador). Los resultados mostraron interacciones muy interesantes desde el punto de vista del rendimiento de los equipos. Durante los cuartos desequilibrados, los equipos que estaban perdiendo reducían las diferencias al final del cuarto durante todo el partido (a mayor diferencia en el marcador al inicio del cuarto, mayor la diferencia que se reducía), así como una influencia del nivel del equipo rival en el tercer cuarto a favor del equipo más fuerte. Por el contrario, en los cuartos equilibrados los resultados mostraron la importancia del nivel del rival en el segundo y el tercer cuarto, con mejores rendimientos para los mejores equipos en puntos anotados en ambos cuartos de juego. Además, los autores encontraron que cuando analizaban todos los cuartos de juego los factores situacionales del marcador al inicio y final del cuarto influía en el segundo y cuarto cuarto, la localización del partido en el segundo cuarto, y el nivel del equipo rival en los tres primeros cuartos de juego. Por lo tanto, estos resultados reflejan los diferentes efectos de los factores situacionales en función del contexto de juego. Hecho que refuerza la necesidad de estudiar los factores situacionales en interacción y no sólo en situaciones aisladas que nos dan información incompleta de la dinámica del partido.

Por último, se destaca el estudio de Gómez, Lorenzo, Ibáñez, y Sampaio (En prensa), los cuales analizaron la liga ACB y la Liga Femenina estudiando un total de 7234 posesiones de balón en 40 partidos equilibrados con diferencias inferiores a 7 puntos en el marcador (elegidos de forma aleatoria), 20 partidos del playoff y 20 partidos de la fase regular. Se registraron diferentes indicadores de rendimiento en cada posesión de balón (número de pases y participantes, duración, tipo de defensa, uso de bloqueos, zona del campo para iniciar y finalizar la posesión: campograma de Hughes & Franks (2004), y puesto específico de juego que inicia y finaliza el ataque) tratando de conocer las posibles interacciones de los factores situacionales y el éxito en la posesión de balón (localización del partido, marcador parcial en el partido, periodo de juego y tipo de competición) en baloncesto masculino y femenino. Los autores realizaron modelos de regresión logística multinomial para identificar las relaciones con el éxito en la posesión de balón de los indicadores de rendimiento y el efecto de los factores situacionales.

En la tabla 2 se muestran los resultados en los primeros 5 minutos de partido, donde las variables situacionales localización del partido, fase de la liga y marcador parcial no tienen ninguna interacción con el éxito en las posesiones de balón, sin embargo, los resultados muestran tendencias diferentes con el resto de periodos de juego de partido y entre géneros. En chicos se obtiene más éxito en las acciones que implican 0 y/ o 1 pase, y se obtiene menos éxito en aquellas que finaliza el alero. Mientras que en las chicas se obtiene más éxito en las acciones que finalizan en la zona K (zona de 3 segundos) y las finaliza el alero, aspecto totalmente contrario al del baloncesto femenino.

Tabla 2. Resultados de los efectos interactivos de las variables situacionales en el éxito de la posesión en baloncesto masculino y femenino durante los primeros 5 minutos (Adaptado de Gómez et al., en prensa).

Éxito en la posesión de balón	Chicos		Chicas
	OR (95% IC)		OR (95% IC)
Primeros 5 minutos			
Pases (n)		Zona finalización	
0	4.39 (1.70-11.33)**	K	14.35 (1.40-147.16)*
1	2.29(1.07-4.88)*	Jugador que finaliza	
Jugador que finaliza		Alero	1.45 (1.00-2.11)*
Alero	0.57 (0.36-0.88)*		

* P<0,05, ** P<0,01, *** P<0,001; OR, odds ratios; IC, intervalos de confianza; OR valor de referencia= superior a 1 éxito, inferior a 1 reduce el éxito.

Por otro lado, durante los 30 minutos del partido (tabla 3), los chicos no tienen interacciones con las variables situacionales, mientras que las chicas muestran una clara interacción con el éxito en las posesiones de balón en los estilos de juego en la fase regular y en el playoff (Fase de la liga), por un lado las chicas usan zonas de inicio y finalización de las posesiones diferentes en función de la fase de la liga. Mientras que los chicos muestran otro estilo de juego influenciado por las zonas de inicio y finalización, el sistema defensivo (que reduce el éxito cuando se ataca frente a defensas zonales), el uso de bloqueos (se reduce el éxito cuando el sistema de ataque no incluye bloqueos) y los periodos de duración (obteniendo más éxito en las acciones de menor duración).

Por último, en los últimos 5 minutos de partido (tabla 4), la influencia de los factores situacionales afecta directamente a las chicas obteniendo menos éxito en sus posesiones de balón durante la fase regular y en situaciones de alta y moderada desventaja. Mientras que los chicos obtienen mucho éxito en acciones que no implican pases, o en aquellas que implican al menos 4 jugadores en la posesión y duraciones entre 0 y 15 segundos principalmente.

Tabla 3. Resultados de los efectos interactivos de las variables situacionales en el éxito de la posesión en baloncesto masculino y femenino durante los 30 minutos (Adaptado de Gómez et al., en prensa).

Éxito en la posesión de balón	Chicos		Chicas
	OR (95% IC)		OR (95% IC)
30 minutos			
Zona de inicio		Fase Regular	
I	0.32 (0.14-0.73)**	Zona de inicio	
Zona finalización		A	8.88 (1.12-70.20)*
K	9.13 (2.02-41.13)***	E	9.18 (1.13-73.98)*
Sistema defensivo		K	11.14 (1.36-91.02)*
Zona	0.41 (0.16-0.99)*	O	48.87 (5.09-468.68)***
Uso de bloqueos		Zona finalización	
Sin bloqueos	0.58 (0.42-0.81)**	M	0.42 (0.18-0.94)*
Duración		Playoff	
0-4	6.18 (3.94-9.68)***	Starting zone	
5-10	3.20 (2.19-4.66)***	K	5.45 (1.07-27.55)*
11-15	2.05 (1.47-2.86)***	O	11.56 (1.22-109.34)*
16-20	1.73 (1.23-2.46)***	Zona finalización	
		K	6.82 (1.57-29.56)**
		L	13.17 (1.42-121.91)*
		Uso de bloqueos	
		Bloqueos directos	0.55 (0.32-0.96)*

* $P<0.05$, ** $P<0.01$, *** $P<0.001$; OR, odds ratios; IC, intervalos de confianza; OR valor de referencia= superior a 1 éxito, inferior a 1 reduce el éxito.

Tabla 4. Resultados de los efectos interactivos de las variables situacionales en el éxito de la posesión en baloncesto masculino y femenino durante los últimos 5 minutos de partido (Adaptado de Gómez et al., en prensa).

Éxito en la posesión de balón	Chicos	Chicas	
	OR (95% IC)		OR (95% IC)
Últimos 5 minutos			
Pases (n)		Fase de la liga	
0	89.96 (65.15-129.33)***	Fase Regular	0.61 (0.37-0.99)*
Nº Jugadores		Marcador parcial	
4	4.51 (1.58-12.84)**	Alta desventaja	0.45 (0.21-0.96)*
Duración		Moderada desventaja	0.35 (0.18-0.67)**
0-4	16.02 (5.28-48.56)***		
5-10	8.51 (3.11-23.37)***		
11-15	8.50 (3.24-22.27)***		
16-20	4.18 (1.68-10.41)**		

* P<0.05, ** P<0.01, *** P<0.001; OR, odds ratios; IC, intervalos de confianza; OR valor de referencia= superior a 1 éxito, inferior a 1 reduce el éxito.

Estos resultados muestran una clara vinculación con las dinámicas de comportamiento a lo largo del partido, permitiendo al analista de rendimiento estudiar y preparar la información necesaria de cara al entrenamiento y la competición. A la vista de los estudios presentados existe una clara diferencia entre equipos masculinos y femeninos al analizar los factores situacionales, las segundas están más influenciadas a la hora de competir, por lo tanto estos condicionantes deben de contemplarse como medio de mejora del rendimiento en baloncesto.

CONCLUSIONES

Como conclusiones al tópico de estudio de los factores situacionales, debemos establecer que el análisis y aplicación de estos factores es de especial relevancia para el análisis del rendimiento en baloncesto. En aplicación a la evaluación y al entrenamiento, hay que destacar que el objetivo del analista de rendimiento debería buscar preparar los partidos con la mayor sistematicidad posible respecto a los factores que pueden ser controlados en competición, por tanto partidos frente a rivales concretos, marcadores alternativos durante el partido, la localización del partido, la fase de competición o el periodo de juego, pueden mejorar el control del partido. Sin embargo, hay que añadir que el control del partido minuto a minuto en función del análisis de rendimiento planteado es difícil de registras y actuar al mismo tiempo, quizás la mayor aplicabilidad de la investigación de los factores situacionales viene determinada por el estudio post-partido ayudando a mejorar e implementar el entrenamiento y por tanto controlar el rendimiento en los partidos posteriores.

Como posibles líneas de trabajo respecto al tópico de estudio de los factores situacionales, debemos considerar en un primer momento los modelos estadísticos utilizados para poder obtener la mayor información posible de los indicadores de rendimiento y de la interacción de los factores situaciones, así los modelo de regresión logística multinomial (Marcelino et al., 2010), regresión múltiple (Sampaio et al., 2010a, 2010b) o el análisis de correspondencias pueden ofrecer de manera más tangible los resultados encontrados a los analistas del rendimiento, entrenadores y jugadores. Con ello no se quiere decir que los análisis con tablas de contingencias y descriptivos no sean válidos, todo lo contrario, los resultados descriptivos son la base para poder afrontar después modelos más complejos con informaciones más ajustadas a los contextos de juego estudiados.

Por otro lado, se hace necesario un estudio de cada realidad competitiva, es decir analizar a cada equipo como unidad independiente de interés para el entrenador, en este sentido el uso de los "normative profiles" (O'Donoghue, 2005) puede ayudar en gran medida al conocimiento de cada equipo y de sus necesidades en cada contexto de juego en función del oponente, del marcador, de la fase de la liga, de la localización del partido o del periodo de juego. Al igual que se mencionaba anteriormente, no existen estudios en baloncesto que analicen los perfiles normativos, por tanto se antoja como una de las líneas de investigación más interesantes desde el punto de vista del entrenador dentro de los factores situacionales.

Por último, el aspecto del tamaño de la muestra es de gran relevancia en los estudios de "notational analysis", una de las grandes cuestiones que surgen es ¿qué muestra es la necesaria para asumir como válidos los resultados obtenidos? ¿Cuál es ese número mínimo de partidos que debo de analizar? Ante estas cuestiones se han planteado diferentes planteamientos (Hughes, Evans, & Wells, 2006). Hopkins (2006) ha remarcado que cuando se analizan más de dos efectos se necesita una muestra mayor que contemple la realidad de la competición, aunque la estimación del número de partidos es difícil de estimar. Por otra parte, la "teoría de la generabilidad" (Blanco, Castellanos, & Hernández, 2000), que intenta establecer con mayor precisión la reducción del error en la observación sistemática en deportes de equipo. Ante estos planteamientos se sugiere que cuando se analicen más de dos factores situacionales en baloncesto la muestra debe de ampliarse para evitar errores de interpretación, y además el uso de covariables (otros factores situacionales) puede permitir incrementar la validez de los resultados reduciendo el error en la interpretación de los mismos.

REFERENCIAS BIBLIOGRÁFICAS

Bar-Eli, M., & Tracinsky, N. (2000). Criticality of game situations and decision making in basketball: an application of performance crisis perspective. *Psychology of Sport and Exercise, 1*, 27-39.

Bar-Eli, M., & Tenenbaum, G. (1988). Time phases and the individual psychological crisis in sports competition: Theory and research findings. *Journal of Sports Sciences, 6*, 141-419.

Blanco, A., Castellano, J., & Hernández, A. (2000). Generalizabilidad de las observaciones de la acción de juego en fútbol. *Psicothema*, 12, 81-86.

Bloomfield, J.R., Polman, R.C.J., & O'Donoghue, P.G. (2005). Effects of score-line on team strategies in FA Premier League Soccer. *Journal of Sports Sciences, 23*, 192-193.

Burke, K. L., Burke, M. M., & Joyner, B. (1999). Perceptions of momentum in college and high school basketball: an exploratory, case study investigation. *Journal of Sport Behavior*, 22, 303-309.

Burke, K. L., Aoyagi, M. W., Joyner, B., & Burke, M. M. (2003). Spectators' perceptions of positive momentum while attending NCAA men's and women's basketball regular season constests: exploring the antecedents-consequences model. *Athletic Insight*, 5 (3), 10-18.

Castellano, J., Blanco-Villaseñor, A., & Álvarez, D. (2011). Contextual variables and time motion analysis in soccer. *International Journal of Sports Medicine*. 32, 415-421.

Dežman, B. Erčulj, F., & Vučković, G. (2002). Differences between winning and losing basketball teams in playing efficiency. *Acta Kinesiologiae Universitatis Tartuensis*, 7, 71-74.

Ferreira, A. P., & Barreto, H. (2007). Critical moments in a basketball game: an approach from coaches' practical knowledge. *Iberian Congress on Basketball Research*, 4, 68-71.

Fotinakis, P., Laparidis, C., Karipidis, A, & Taxildaris, K. (2002). Due pallacanestro a confronto. *Rivista di cultura sportiva*, 55, 52-56.

Gómez, M. A., & Pollard, R. (2011). Reduced home advantage for basketball teams from capital cities in Europe. *European Journal of Sport Science*, 11, 143-148.

Gómez, M. A., Pollard, R., & Luis-Pascual, J. C. (2011). Comparison of the home advantage in nine different Professional team sports in Spain. *Perceptual and Motor Skills*, 113, 150-156.

Gómez, M. A., Tsamourtzis, E., & Lorenzo, A. (2006). Defensive systems in basketball ball possessions. *International Journal of Performance Analysis in Sport*, 6, 98-107.

Gómez, M. A., Lorenzo, A., Ibáñez, S. J., & Sampaio, J (In press). Ball possessions effectiveness in men´s and women's elite basketball according to situational variables in different game periods. *Journal of Sports Sciences*.

Gómez, M. A., Lorenzo, A., Ortega, E., & Olmedilla, A. (2007). Diferencias en los indicadores de rendimiento en baloncesto femenino entre ganadores y perdedores en función de jugar como local o como visitante. *Revista de Psicología del Deporte*, 16, 41-54.

Gómez, M. A., Lorenzo, A., Barakat, R., Ortega, E., & Palao, J. M. (2008a) Differences in game-related statistics of basketball performance by game location for men's winning and losing teams. *Perceptual and Motor Skills*, 106, 43-50.

Gómez, M. A., Lorenzo, A., Sampaio, J., Ibáñez, S. J., & Ortega, E. (2008b). Game-related statistics that discriminated winning and losing teams from the Spanish men's professional basketball teams. *Collegium Antropologicum*, 32, 315-319.

Gómez, M. A., Jiménez, S., Navarro, R., Lago, C., & Sampaio, J. (2011). Effects of coaches' timeouts on basketball teams' offensive and defensive performances according to momentary differences in score and game period. *European Journal of Sport Science, iFirst article*, DOI: 10.1080/17461391.2010.512366.

Gómez, M. A., Lorenzo, A., Ibáñez, S. J., Ortega, E., Leite, N., & Sampaio, J. (2010). An analysis of defensive strategies used by home and away basketball teams. *Perceptual and Motor Skills*, 110, 159-166.

Hill, E. (1952). Basketball Coaches' Survey. *Scholastic Coach, October*.

Hobson, H. (1955). *Scientific Basketball: for Coaches, Players, Officials, Spectators and Sport Writers*: Englewood Criffs: Prentice-Hall.

Hopkins, W, G. (2006). Estimating sample size for magnitude-bases inferences. Sportscience, 10, 63-70 (on-line available : http://www.sportsci.org/2006/wghss.htm; retrieved on 15th January, 2012).

Huges, M., Evans, S., & Wells, J. (2001). Establishing normative profiles in performance analysis. *International Journal of Performance Analysis in Sport, 1*, 1-26.

Ibáñez, S. J., García, J., Feu, S., Lorenzo, A., & Sampaio, J. (2009). Effects of consecutive basketball games on the game-related statistics that discriminate winners and losing teams. *Journal of Sports Science and Medicine*. 8, 458-462.

Ibáñez, S. J., Sampaio, J., Sáenz-López, P., Giménez, J., & Janeira, M. A. (2003). Game statistics discriminating the final outcome of Junior World Basketball Championship matches (Portugal 1999). *Journal of Human Movement Studies, 45*, 1-19.

Ibáñez, S. J., Sampaio, J., Feu, S., Lorenzo, A., Gómez, M. A., & Ortega, E. (2008). Basketball game-related statistics that discriminate between teams' season-long success. *European Journal of Sport Science*. 8, 369-372.

Iso-Ahola, S. E., & Mobily, K. (1980). Psychological momentum: A phenomenon and an empirical (unobtrusive) validation of its influence in a competitive sport tournament. *Psychological reports*, 46, 391-401.

Ittenbach, R. F., & Esters, I. G. (1995). Utility of team indices for predicting end of season ranking in two national polls. *Journal of Sport Behavior, 18*, 216-225.

James, N., Mellalieu, S.D., & Holley, C. (2002). Analysis of strategies in soccer as a function of European and domestic competition. *International Journal of Performance Analysis in Sport, 2*, 85-103.

Kozar, B., Whitfield, K. E., Lord, R. H., & Mechikoff, R. A. (1993). Timeouts before free-throws: do the statistics support the strategy? *Perceptual and Motor Skills, 76*, 47-50.

Kozar, B., Vaughn, R. E., Whitfield, K. E., Lord, R. H., & Dye, B. (1994). Importance of free-throws at various stages of basketball games. *Perceptual and Motor Skills, 78*, 243-248.

Lago, C. (2009). The influence of match location, quality of opposition, and match status on possession strategies in professional association football. *Journal of Sports Sciences, 27*, 1463-1469.

Lago, C., Casais, L., Dominguez, E., & Sampaio, J. (2010). The effects of situational variables on distance covered at various speeds in elite soccer. *European Journal of Sport Science, 10*, 103-109.

Lago, C., & Martin, R. (2007). Determinants of possession of the ball in soccer. *Journal of Sports Sciences, 125*, 969-974.

Mace, F. C., Lalli, J. S., Shea, M. C., & Nevin, J. A. (1992). Behavioral momentum in college basketball. *Journal of Applied Behavior Analysis*, 25, 657-663.

Madrigal, R., & James, J. (1999). Team quality and home advantage. *Journal of Sport Behavior, 22*, 381-398.

Marcelino, R., Mesquita, I., & Sampaio, J. (2011). Effects of quality of opposition and match status on technical and tactical performances in elite volleyball. *Journal of Sports Sciences, 29*, 733-741.

McGarry, T., & Franks, I. (2003). The science of match analysis. In *Science and Soccer* (edited by T. Reilly and M. Williams), pp. 265-275, London: Routledge.

Mexas, K., Tsiskaris, G., Kyriakou, D., & Garefis, A. (2005). Comparison of effectiveness of organized offenses between two different championships in high level basketball. *International Journal of Performance Analysis in Sport, 5,* 72-82.

Navarro, R. M., Lorenzo, A., Gómez, M. A., & Sampaio, J. (2009). Analysis of critical moments in the League ACB 2007-2008. *Revista de Psicología del Deporte, 18* (suppl.), 391-395.

O'Donoghue, P. (2005). Interacting performances theory. *International Journal of Performance Analysis in Sport, 9,* 26-46.

O'Donoghue, P. (2009). Normative profiles of sports performance. *International Journal of Performance Analysis in Sport, 5,* 104-119.

O'Donoghue, P. (2010). *Research methods for sport performance analysis.* London and New York: Routledge Taylor & Francis Group.

O'Donoghue, P., & Tenga, A. (2001). The effect of store-line on work rate in elite soccer. *Journal of Sports Sciences, 19,* 25-26.

Pollard, R. (2008). Home advantage in football: A current review of an unsolved puzzle. *The Open Sports Sciences Journal, 1,* 12-14.

Pollard, R., & Gómez, M.A. (2007). Home advantage analysis in different basketball leagues according to team ability. *Iberian Congress on Basketball Research, 4,* 61-64.

Pollard, R., & Gómez, M. A. (2009). Home advantage in football in South-West Europe: Long-term trends, regional variation, and team differences. *European Journal of Sport Science, 9,* 341-352.

Pollard, R., & Gómez, M. A. (2012) Comparison of home advantage in men's and women's football leagues in Europe. *European Journal of Sport Science. iFirst article,* 1-7, doi: 10.1080/17461391.2011.651490

Pollard, R., & Pollard, G. (2005). Long term trends in home advantage in professional team sports in North America and England (1876 – 2003). *Journal of Sports Sciences, 23,* 337-350.

Reed, D., & O'Donoghue, P. (2005). Development and application of computer-based prediction methods. *International Journal of Performance Analysis in Sport, 5,* 12-28.

Roane, H. S., Kelley, M. E., Trosclair, N. M., & Hauer, L. S. (2004). Behavioral momentum in sports: a partial replication with women's basketball. *Journal of Applied Behavior Analysis, 37,* 385-390.

Sampaio, J., & Janeira M. (2003). Statistical Analyses of Basketball Team Performance: Understanding Teams' Wins and Losses According To a Different Index of Ball Possessions. *International Journal of Performance Analysis in Sport, 1,* 40-49.

Sampaio, J.; Ibáñez, S., & Feu, S. (2004). Discriminative Power of Basketball Game-Related Statistics by Level of Competition and Sex. *Perceptual and Motor Skills, 32,* 1231-1238.

Sampaio, J., Lago, C., & Drinkwater, E. J. (2010b). Explanations for the United States of America's dominance in basketball at the Beijing Olympic Games (2008). *Journal of Sports Sciences, 28,* 147-152.

Sampaio, J., Janeira, M. Ibáñez, S., & Lorenzo, A. (2006). Discriminant analysis of game-related statistics between basketball guards, forwards and centres in three professional leagues. *European journal of sport science*, 6(3), 173-178.

Sampaio, J., Lago, C., Casais, L., & Leite, N. (2010a). Effects of starting score-line, game location and quality of opposition in basketball quarter score. *European Journal of Sport Sciences*, *10*, 391-396.

Sampaio, J., Ibañez, S., Gómez, M., Lorenzo, A., & Ortega, E. (2008). Game location influences basketball players' performance across playing positions. *International Journal of Sports Science and Medicine,* 3, 30-36.

Shaw, J., & O'Donoghue, P. (2004). The effect of score line on work rate in amateur soccer. In P. O'Donoghue & M.D. Hughes (Eds.), *Notational analysis of sport VI* (pp. 84-91). Cardiff: UWIC.

Silva, J. M., & Andrew, J. A. (1987). An analysis of game location and basketball performance in the atlantic coast conference. *International Journal of Sport Psychology,* 18, 188-204.

Smisson, C. P., Burke, K. L., Joyner, B., Munkasy, B. A., & Blom, L. C. (2007). Spectators' perceptions of momentum and personal control: testing the antecedents-consequences model. *Athletic Insight*, 9(1), 79-90.

Trninić, S., Dizdar, D., & Lukšić, E. (2002). Differences between winning and defeated top quality basketball teams in final tournaments of European club championship. *Collegium Antropologicum, 26*, 521-531.

Varca, P. E. (1980). An Analysis of Home and Away Game Performance of Male College Basketball Teams. *Journal of Sport Psychology,* 2(3), 245-257.

Vilar, L., Araújo, D., Davids, K., & Button, C. (2012). The role of ecological dynamics in analysing performance in team sports. Sports Medicine, 42, 1-10.

QUÉ NOS APORTA LA NBA DESPUÉS DEL LOCK OUT

Dr. Julio Calleja-González

Ex– preparador Físico Siglo XXI, Tenerife en liga LEB y ACB,
y Selección Española de Baloncesto.
Laboratorio de Análisis del Rendimiento Deportivo. Departamento de
Educación Física y deportiva. Facultad de Ciencias de la Actividad Física
y el deporte.
Universidad del País Vasco.

INTRODUCCIÓN

La pasada temporada, 2011–2012, vivimos una experiencia desconocida, que sin lugar a dudas, ha marcado el devenir de la mejor liga del Mundo de baloncesto........El lock out de la NBA........

Dado el que lema del congreso responde a: "El camino hacia a la *excelencia*", en este sentido, la elite deportiva en baloncesto, nos ofrece el modelo americano de la NBA como la punta del Iceberg. El sistema más radical de competición deportiva y el más admirado en cuanto a gestión de una liga profesional se refiere, sorprendía al Mundo, con un término desconocido para muchos,....el lock out. Durante varios meses, la prensa de medio Mundo, se hacia eco de la situación e intentaba aportar la mayor información posible sobre la nueva situación que tenían que vivir los jugadores NBA.

Las consecuencias que de él surgieron durante los restantes meses de competición, han provocado fenómenos extremos en el deporte de la canasta, que merecen ser objeto de estudio y que igualmente nos pueden ayudar a entender, lo que supone el pico de la pirámide deportiva, y que en unos años en Europa vamos a poder disfrutar, si es cierto que la liga Europea puede ser una realidad.

El término de lock out, que presentaba precedentes en otra ligas profesionales del deporte americano, ha supuesto un cambio de mentalidad y un punto de inflexión en la forma de mostrar el deporte en su máxima expresión de *excelencia*. Como consecuencia de ese periodo de reflexión, se proponen algunas cuestiones que han sido tema de debate en los últimos meses como: a) el elevado número de lesiones en los deportistas; b) los aspectos ligados a los desequilibrios orgánicos provocados por los innumerables viajes (V) que padecen los jugadores; y los nuevos sistemas de planificación deportiva, que puedan dar respuesta a tan exigente competición y que la pasada temporada llego a la friolera cifra de 66 partidos, en 124 días de competición.

El presente escrito revisa los temas más recientes en torno al lock out americano, los justifica con los últimos estudios publicados sobre el estado del arte y argumenta dichas cuestiones, introduciendo anécdotas curiosas y testimonios de deportistas de la NBA, que en los últimos tiempos han dado a conocer.

QUE ES EL LOCK OUT......?

Durante el mes de Julio del año 2011, irrumpe un término en el mundo del deporte "Lock out de la NBA". Concepto que, a priori, genera una enorme expectación, ya que posiblemente muchos de las personas del entorno de la canasta desconozcan el significado real de este fenómeno, y muchos de ellos, ni siquiera lo habían escuchado con anterioridad.

Si tuviéramos que definirlo, de la manera más simple posible, podríamos afirmar, en breves palabras que es "El cierre patronal", como consecuencia de una falta de entendimiento y acuerdo entre los agentes que rodean a la liga, especialmente entre los representantes de los deportistas y de los clubs. Ambas partes, no llegaron a acuerdos comunes en la negociación de condiciones, y como consecuencia de dicho enfrentamiento, la liga 2011-2012 no comenzó su curso habitual.

Dichas desavenencias entre ambas partes fueron producto de un sistema de competición sustancialmente diferente al de Europa, donde el interés económico está sujeto a fines comerciales básicamente. El principal problema en el que se encontraron inmersos los equipos de la liga Americana, estaba relacionado con las pérdidas de ingresos año a año. Como consecuencia de ello, los mandatarios de las diferentes franquicias plantearon una solución que pretendía una rebaja sustancial salarial de los deportistas. Ante tal tesitura, el gremio de jugadores se negó rotundamente. Las cifra de la discordancia se movía en torno a un 57% del total del presupuesto del equipo en salarios. Los mandatarios querían bajarlo hasta el 45%, lo cual sería una bajada en un sólo año del 12% en los sueldos de los deportistas.

Estos datos realmente se escapan del alcance de muchas competencias y están sujetos a infinitud de intereses, pero realmente lo que a nosotros no interesa versa en entender en qué medida esos conflictos que generaron la parada de la liga, puede afectar a cuestiones de índole técnico.

CONSECUENCIAS DEL LOCK OUT.....

Como consecuencia de la parada, casi 150 días en los cuales no hubo actividad en las franquicias NBA, se presentaron algunas cifras que nos pueden permitir un mayor nivel de comprensión de lo que supuso este fenómeno en la mejor liga del Mundo. La temporada regular comenzó de forma atípica un 25 de diciembre de 2011 y finalizó el 26 de abril de 2012. En principio, si se pretendía mantener el calendario de competición con el anterior modelo no es posible, por que si ya de por si la NBA era exigente en cuanto a su calendario, a partir de ese momento la respuesta es incierta. Únicamente se disponían de un total de 124 días de competición regular. Esta circunstancia obligaba a la NBA a reducir la temporada, pero franquicias y jugadores querían disputar el máximo número de partidos posibles para minimizar sus pérdidas en taquillas y sueldos, disputando 66 partidos en 124 días, en lugar de los habituales 82 en 180. Cuando los 30 equipos habían alcanzado ya los 60 encuentros, sólo 49 jugadores habían podido disputarlos todos (1,6 por plantilla).

El problema entonces no radicaba en el número de partidos de competición, suponiendo que un equipo no alcanzara el play-off, sino que iba aún más lejos presentando una premisa importante en cuanto a densidad de competición. Es decir, la cantidad total de partidos por tiempo que los jugadores deben realizar y el tiempo de descanso entre los mismos, lo que supone un importante problema de planificación deportiva, y que se convierte en el primer elemento de discordia. La propia NBA realizó un estudio interno tras los dos primeros meses de temporada, observando que las lesiones habían aumentado en un 63% respecto a la temporada 2010-11.

De la misma forma, se había generado un gran expectación entre los técnicos de la liga, por conocer cuál sería la repuesta al esfuerzo de los deportistas en el mes de abril o mayo, cuando se tenían que decidir las finales por el título, dado que la novedad en cuanto al modalidad de competición generaba serias dudas. En este sentido, también se observó que la falta de descanso adecuado generó terribles consecuencias en el número de lesiones. Según datos de la propia NBA, "en los primeros 60 días de competición, las bajas por lesión aumentaron un 63% con respecto al mismo período del curso anterior". Un total de 64 deportistas de elite NBA, han padecido lesiones que les han obligado a perderse más del 25% de los partidos (15), y en la última parte de la temporada hubo 78 de baja por lesiones de distinta gravedad

Finalmente, el frenético ritmo de competición ha generado un fenómeno común en el deporte de elite ya conocido como fatiga asociada al viaje (Reilly, Waterhouse, & Edwards, 2008), que en el caso que nos compete, se vio reflejado hasta el extremo como consecuencia de jugar 3 partidos consecutivos y tener que viajar al otro lado del país, para volver a repetir la misma secuencia de competición. El agotamiento y el cansancio ha generado numerosos problemas en los jugadores, hasta el punto de tener cuadros añadidos por falta de sueño, el mecanismo biológico regulador más importante en el proceso de recuperación natural y orgánica. En humanos esta demostrado que es vital en la supervivencia y en la recuperación (Latorre–Roman, 1999). Los atletas necesitan una apropiada cantidad y calidad de sueño teniendo una implicación importante en el rendimiento, y máxime en este tipo de competiciones y en la recuperación, así como en el sobreentrenamiento (Terrados et al., 2004), siendo el método más simple de recuperación del deportista.

Todas estas cuestiones se presentan claves, en el devenir de la liga y no han sido una novedad, dado que en los últimos tiempos, el sistema tan radical de concentración competitiva, ha obligado a incorporar nuevos análisis en la manera de afrontar la temporadas para los equipos deportivos en baloncesto.

Curiosamente, hace dos años, en la anterior celebración de nuestro congreso en Murcia, en una de la conferencias magistrales, nuestro grupo de trabajo ya expuso un análisis más actual de las exigencias de baloncesto moderno (Calleja et al., 2009), en donde se describía que con la limitación del tiempo actual en baloncesto, los contenidos de entrenamiento desde un punto de vista condicional se resumían en: a) la capacidad de prevenir y reducir el riesgo de patología lesional; b) gestionar adecuadamente la capacidad de repetir sprints (RSA) de forma individual de cada jugador; y c) proporcionar trajes a medida de recuperación para cada jugador (Terrados & Calleja, 2010).

LA IRREAL PLANIFICACION DEPORTIVA

Evidentemente los tradicionales sistemas de periodización deportiva, propuestos por los grandes clásicos del entrenamiento en las décadas precedentes como Platonov en 1988, Matveiev en 1982, Verjoshanski en 1990, no dan respuesta a la demanda competitiva actual, pero ni siquiera los modelos más avanzados de concentración de cargas, propuestos por Navarro en 1998, en deportes de prestación individual, tampoco acaban de dar solución en deportes de equipo con sistemas tan complejos de variables inter-actuantes.

Algunas reflexiones de técnicos de *excelencia* en deportes de conjunto como Mourinho, en diferentes ocasiones, insiste en la no existencia de la planificación deportiva y, frecuentemente, insiste en la expresión "partido a partido". Analizando los casos de forma más aséptica, se observa que el grado de dificultad también es menor, dado que ahora se compite más y se entrena menos, con lo que a priori es tarea más sencilla para el técnico. Sin embargo, los planteamientos más antiguos eran curiosamente a la inversa, se entrenaba mucho tiempo para buscar competiciones más puntuales. En principio para los técnicos, esta menor dificultad presenta otra serie de problemas que nos hace replantearnos los modelos de planificación deportiva, en donde el nivel de partida de condición física ya no es un factor diferencial, los que han llegado son excelsos y aptos para soportar un sistema de competición tan exigente en una parte importante de año.

Pero volviendo a la esencia del más puro estilo americano, quizás los que mayores diferencias pueda presentar sean los tan famosos, "back to back", (partidos en dos días seguidos), que han dejado paso a los "back to back to back" (tres días seguidos). Este curioso sistema se mantiene durante 6 meses de competición, en donde el jugador exclusivamente compite, ya que en muchos casos después de jugar, debe coger su jet privado con el equipo para viajar a otra ciudad y volver a competir, en donde en numerosas ocasiones, ni siquiera le da tiempo a tener un contacto previo con la nueva pista.

Este tipo de dinámica, muy parecida a la de otras profesiones al máximo nivel, como políticos o músicos, actores,..., no permite un modelo estable de planificación. Aún más presenta cambios importantes en los parámetros condicionales que se debe atender. En un trabajo muy reciente desarrollado con los Orlando MAGIC, González et al. (2012), demostraban como los jugadores del equipo profesional que jugaban de titulares, mejoraban sus parámetros neuromusculares a lo largo de la temporada, exclusivamente compitiendo, mientas que lo no titulares presentaban primeros índices evidentes de desentrenamiento. Se presenta por tanto, un nuevo problema para los jugadores no habituales, no solo por el hecho de no jugar, si no porque tu sistema de competición dentro del equipo no te permite tampoco entrenar, lo que necesita de nuevos planteamientos futuros para ese tipo de deportistas.

Este modelo tan exigente necesita, por tanto, de personas externas de apoyo personal a jugadores, con lo que los equipos, aumentan en cuanto al tamaño de técnicos y, en muchos casos, se generan problemas de compatibilidad entre preparadores personales y técnicos oficiales del equipo.

EL MISTERIOSO MUNDO DE LAS LESIONES

La temporada pasada, sin lugar a duda, el anillo estuvo más que nunca en manos de la salud..., y el termino más temido fue el de "LESION", que según la definición de la Unión Europea debe de cumplir al menos una de las siguientes características (Willems et al., 2005b): reducción de las marcas o del nivel competitivo, requiere consulta o tratamiento médico y/o tiene consecuencias económicas y sociales, causó baja en numerosos jugadores de primera línea, catalogados con la categoría de ALL STAR que debían ser fundamentales en los play-offs para sus respectivos equipos: Derrick Rose, Kobe Bryant, Dwight Howard, Ray Allen y Amare Stoudemire, así como otras estrellas como Kevin Love, LaMarcus Aldridge, Andrea Bargnani, Al Horford, Stephen Curry, Andrew Bogut, Brook Lopez y Kyrie Irving se perdieron parte de la liga. A fecha de entrega del presente documento, la selección olímpica también certificaba la baja de Griffin por lesión para asistir a los JJOO de Londres en agosto de 2012. Tampoco este fenómeno ha sido ajeno a nuestros ÑBA, donde la plaga de lesiones ha pasado factura al mejor debutante. Ricky Rubio se rompió el ligamento cruzado y no asistió a los JJOO, diciendo adiós a la temporada tras romperse dos ligamentos de la rodilla; Rudy se operó de una hernia discal, aunque si estuvo en la cita olímpica; Calderón se perdió 8 partidos por un esguince de tobillo; Marc Gasol no asistió a un partido por una lesión de tobillo y problemas en su rodilla izquierda. Pau Gasol e Ibaka pertenecen al selecto grupo de 49 jugadores que han disputado todos los partidos. Cabe citar que, en dicho grupo, sólo hay tres ALL STAR 2012 (Durant, Westbrook y Hibbert). Los datos han sido abrumadores, y los propios médicos de la liga están inmersos en una enorme preocupación. Con este panorama, el análisis se debe realizar con cautela y entender que este sistema tan denso, quizás no sea factible en baloncesto de alta competición, en donde los números indican que estamos en el borde de la tolerancia humana al esfuerzo. Aun así, es necesario entender con precisión cuales son los mecanismos que suscitan este tipo de lesiones en el juego, a pesar de que han pasado los años, mejorado el conocimiento, avances en la biomecánica del calzado, en el piso de las canchas, en la nutrición, en el entrenamiento y, sin embargo, el numero de lesiones no se ha conseguido reducir.

La mayor parte de las lesiones (57,2%) en baloncesto, se producen en el tren inferior (Rechel, Yard & Comstrock, 2008). Sin embargo, si comparamos el nivel de la competición, podemos observar que en jugadores aficionados, en más de un 60% de las lesiones corresponden al tren inferior (Agel et al., 2007), y en profesionales un 66% (Deitch, Starkey, Walters & Moseley, 2006). Estas lesiones son, en general, las más severas y las que más tiempo requieren para su recuperación (Agel et al., 2007).

En cuanto a las zonas más afectadas por la lesión, observamos que el 18,8% de las mismas se localizan en la rodilla, 16,6% en el tobillo, seguido de la zona lumbar (11,7%), pierna (10,8%), pie (9,9%) y dedo/muñeca/mano (9,9%), en jóvenes jugadoras de baloncesto de elite (Hickey, Fricker &

McDonald, 1997). La lesión aguda más frecuente se da en el tobillo, con 22,3% de incidencia, mientras que la rodilla tiene un 13,7% de incidencia. Sin embargo, en las lesiones crónicas la región más afectada es la rodilla con un 27,4%, y el tobillo únicamente representa el 7,1% de las lesiones crónicas, a pesar de que un 30% de las lesiones ligamentosas en el tobillo encontradas en jugadoras de baloncesto eran lesiones recurrentes (Agel et al., 2007), coincidiendo en la estadística con los pocos datos a los que tenemos acceso.

A pesar de que en el baloncesto femenino no ha habido cierre de la patronal, algunos trabajos publicados con jugadoras de la WNBA (Womens National Basketball Association), en general, la rodilla es la estructura más lesionada (22,5%), pero en los partidos el tobillo es la zona más frecuentemente lesionada (20%) (Deitch y col. 2006).

Si observamos la diagnosis de las lesiones, se ha demostrado que en los deportes donde es necesario saltar con proximidad a otros jugadores, y donde hay giros y cambios de dirección en velocidad, como es el baloncesto, las lesiones de tobillo son más frecuentes (Kofotolis & Kellis, 2007; Nelson, Collins, Yard, Fields & Comstrock, 2007). El 45% de dichas lesiones de tobillo registradas en jugadores de baloncesto fueron después de un salto, y la mitad de ellas por pisar a otro jugador en ese momento. El resto de lesiones fueron debidas a giros o cambios de dirección (30%), por colisión (10%), por caída (5%), parada brusca (2,5%), o por un tropezón (2,5%) (McKay, Goldie, Payne & Oakes, 2001).

En otro trabajo con estudiantes preuniversitarios donde analizaron que tipo de lesiones se producían en hombres y mujeres que practicaban baloncesto entre otros deportes, observaron que el 22,6% de todas las registradas correspondían a lesiones de tobillo (Nelson y col. 2007), aspecto muy estudiado en la NBA y que para los jugadores de elite de baloncesto el esguince de tobillo también es la lesión más frecuente, y que perfectamente se puede extrapolar a otro nivel de deportistas. En jugadoras de baloncesto tanto de elite como aficionados, el esguince de tobillo también es la lesión más frecuente, ya que tiene una incidencia de entre un 12,1% y un 14,3% (Agel y col., 2007; Hickey y col., 1997) seguido de la tendinitis rotuliana (6,7%).

Si bien es cierto que la identificación de las estructuras lesivas en el juego son muy fácilmente identificables en baloncesto, existen otros parámetros de análisis que nos van a proporcionar un mayor nivel de profundización, máxime cuando la NBA presenta una gran diferencia en la relación entrenamiento / competición.

En cuanto al número de lesiones por tiempo de práctica, la mayoría de los investigadores utiliza un ratio de lesión por 1000 exposiciones a la actividad deportiva, para cuantificar cuantas lesiones se producen. En otras sin embargo, las lesiones se registran lesiones por 1000 horas de actividad. Para poder comparar los datos de las diferentes investigaciones hemos asumido que la exposición deportiva es igual a 0,66 horas de exposición (Deitch y col. 2006). Parece que lo más adecuado es medir las horas de practica tal y como proponen (Fuller y col. 2007; Fuller y col. 2008), ya que las exposiciones pueden variar en el tiempo. Esto es debido a que una exposición puede corresponder a la participación de un jugador en un partido, que puede ser de dos minutos, de diez minutos o de todo el partido, con lo que no nos dan una referencia exacta sobre la incidencia lesional.

En cuanto a lesionabilidad entre ambos tobillos, no se han encontrado diferencias significativas, ya que el 44% de las lesiones fueron en el tobillo izquierdo frente a un 56% derecho (Beynnon y col. 2005). En este sentido no disponemos de datos concretos de la liga para poder cotejar estos datos con los estudios publicados que utilizan un n de menor calidad

En general, se produce un mayor número de lesiones en los partidos que en los entrenamientos, 4,63 por 1000 exposiciones en los partidos y 1.69 en los entrenamientos (Rechel y col. 2008). Dicha reflexión a priori parece tener su lógica, la intensidad, la motivación extra y el entorno generan mayor estrés. Aunque también, estos datos en la liga se acentúan, dado que los 66 partidos de liga regular, a los que se someten los jugadores, son muy superiores al mes y medio de preseason que los jugadores van a desarrollar. Durante el resto de la temporada, los pocos entrenamientos que realizan son de media y baja intensidad. Algunos datos en jugadoras de baloncesto de elite, que no son de WNBA, se han registrado 1,68 esguinces de tobillo por cada 1000 exposiciones (Kofotolis & Kellis, 2007), y en competición 2,52 lesiones por 1000 exposiciones. Dichos valores son algo inferiores a los encontrados en jugadoras de la WNBA que sufrían 4,3 lesiones por 1000 exposiciones (Deitch y col. 2006), lo que demuestra que este tipo de liga profesionales presentan de manera intrínseca mayor lesionabilidad.

Una vez lesionadas, las jugadoras de elite se pierden por cada lesión de tobillo en el 51,7% de los casos menos de 7 días de práctica deportiva, en 33,9% de las ocasiones de 7 a 21 y en un 10,5% más de 22 días de actividad (Nelson et al., 2007). De media, una jugadora de baloncesto de elite pierde 7,01 entrenamientos por cada esguince de tobillo (Kofotolis & Kellis, 2007). Lo que supone una serie de consecuencias físicas, psicológicas y económicas. Para nuestro conocimiento, no se han publicado estudios de estas características en la NBA, a pesar de que posiblemente, los datos los tengan, pero por código de conducta interna no puedan ser publicados a la luz pública. Pero tomando como referencia los trabajos en género femenino, las informaciones publicados en los diarios de USA durante la pasada temporada, referían de manera insistente, el hecho de padecer lesiones de larga duración, es decir, los datos nos llevan a concluir que los jugadores presentaban mayor tiempo de recuperación para poder incorporarse a la dinámica del grupo.

Respecto a los factores de riesgo extrínsecos que acarrean lesiones, existe cierta concordancia en los estudios realizados. Se ha podido observar que el uso de ortesis o taping en el tobillo reduce el número de lesiones (Beynnon y col. 2002), ya que su uso limita el grado de movimiento del tobillo y mejora la propiocepción (Papadopoulos, Nicodopoulos, Anderson, Curran & Athanasopoulos, 2005).

En un estudio más reciente (Kofotolis & Kellis, 2007), se ha observado que las jugadoras que llevaban algún tipo de sujeción en el tobillo sufrían menos lesiones que las que no lo llevaban. Esto podría ser debido a que existe cierta tendencia en realizar una mayor flexión plantar al apoyar el pie, con lo que una sujeción en el tobillo podría mejorar el apoyo distribuyendo las presiones plantares y reduciendo así el riesgo de lesión (Willems, Wivtvouw, Delbaere, De cock & De Clercq, 2005a; Wright, Neptune, Van der Bogert & Nigg, 2000). Actualmente, también se conoce que el calzado y la duración e intensidad del partido y la posición del jugador también influyen en el número de lesiones (Beynnon et al., 2002), aspecto que los jugadores NBA no tienen muy en cuenta cuando sus propias marcas comerciales les personalizan las botas de juego.

Sin embargo, cuando hablamos de los factores de riesgo intrínsecos, que están relacionados con las características individuales de cada persona, no hay unanimidad. Esto es debido a la diferencia de métodos empleados, que muchas veces acarrea cierta contradicción en los resultados encontrados (Beynnon et al., 2002; Payne, Berg & Latin, 1997), por lo que son muchos los factores que se tienen en cuenta hoy en día para realizar una investigación al respecto. La mayoría de estos factores provienen de estudios retrospectivos, y como ya hemos analizado anteriormente, una vez producida la lesión esta acarrea una serie de consecuencias y cambios, muchas veces irreversibles, como la reducción de la propiocepción y la fuerza muscular, menor control postural, dándose casos de lesiones en este sentido en jugadores de muy alto nivel... Sin embargo, no se sabe si estos déficits estaban presentes antes de la lesión, o son consecuencia de las mismas debido al diseño retrospectivo de los estudios. Pero la identificación de estas variables o factores de riesgo solo es posible mediante estudios prospectivos que controlen múltiples variables (Beynnon et al., 2002; Willems et al., 2005b). Una combinación de estas variables dará la clave para la identificación de deportistas proclives a sufrir una lesión (De Noronha et al., 2006; Kofotolis & Kellis, 2007).

Lo que si parece bien claro, es que los factores de riesgo para una lesión de tobillo son diferentes para hombres y para mujeres (Beynnon, Reström, Alosa, Baumhauer & Vacek, 2001; Beynnon et al., 2005), y la mayoría de los estudios sobre factores de riesgo están dirigidos a hombres (Beynnon et al., 2002; Payne et al., 1997). Es por ello que se recomienda que las futuras investigaciones sobre factores de riesgo de lesiones se estudien a mujeres y a hombres o bien separadamente o con una distribución proporcional entre géneros. Un estudio de NBA y WNBA, sería de gran interés para analizar las diferencias entre géneros en este tipo de poblaciones tan elitistas.

Algunos factores de riesgo para las lesiones de tobillo normalmente incluidas en las investigaciones como el peso, la laxitud del tobillo, la edad, la experiencia deportiva, la pierna dominante, el estado de forma física o las características antropométricas no son factores de riesgo (Beynnon et al.,

2002; Kofotolis & Kellis, 2007; McKay et al., 2001; Payne et al., 1997; Willems et al., 2005b).

La fuerza es uno de los factores de riesgo más investigados y los resultados hallados son diferentes en función del tipo de fuerza, del método utilizado para su medición, y el grupo muscular evaluado. La fuerza excéntrica, concéntrica e isocinética del tobillo no han sido identificados como factores de riesgo para las lesiones de tobillo (Beynnon et al., 2001; Payne et al., 1997; Willems et al., 2005b). La fuerza de reacción tampoco parece ser un factor de riesgo (Willems et al. 2005b). Actualmente se esta estudiando si la estabilidad de la cadera tiene algún tipo de influencia en las lesiones del tren inferior ya que afecta directamente a la alineación del tren inferior. Esto puede ser muy importante ya que las mujeres tienen una mayor adducción en la cadera y la rodilla, mayor rotación interna de la cadera y rotación externa de la tibia, y un mayor ángulo Q. Se ha encontrado que la fuerza en rotación externa de la cadera predice el riesgo de lesiones del tren inferior tanto en hombres como en mujeres (Leetum, Ireland, Wilson, Ballantyne & Davis, 2004). Es por ello que en la actualidad se están buscando métodos para evaluar la fuerza de la cadera (Kollock, Oñate & Van Lunen, 2008; Nadler et al. 2000; Scott, Bond, Sisto & Nadler, 2004).

Los valores de equilibrio estático registrados a principio de temporada parecen ser predictores de los esguinces de tobillo (Willems et al., 2005b). Cuando el equilibrio se mide de una forma más dinámica, tal y como se da en la práctica deportiva, se ha observado que es un factor que identifica a personas con ICT (Hubbard et al., 2007).

La propiocepción es un importante factor de riesgo para las lesiones del tren inferior en múltiples trabajos. Una de las pocas investigaciones prospectivas sobre factores de riesgo en mujeres indica que, con una menor sensación pasiva de la inversión pasiva del tobillo, es decir falta de propiocepción, tiene un mayor riesgo de sufrir una lesión de tobillo (Willems et al., 2005b). También se observo que una menor coordinación del control postural también era un factor de riesgo.

Otros factores de riesgo para las lesiones de tobillo como el grado de movimiento en extensión del primer metatarsofalángica y, en consecuencia, un mayor grado de eversión en el calcáneo, un mayor varo en la tibia y caminar cargando más peso en la parte medial del pie o, un elevado tiempo de contacto, también han sido identificados (Beynnon et al., 2001; Willems et al., 2005a; Willems et al., 2005b), pero no hay más estudios que las confirmen.

En una revisión sistemática sobre los factores de riesgo para sufrir una lesión de tobillo (De Noronha et al., 2006), se ha encontraron que la dorsiflexión podía predecir muy bien el riesgo de padecer una lesión de tobillo por la calidad de los estudios y por la consistencia de los resultados tanto en mujeres como en hombres. El control postural, el rango de movimiento y la propiocepción también podrían ser factores de riesgo. Es por ello, que indicaron que la clave para la predicción de los esguinces de tobillo podría ser la combinación de estos tres factores.

FATIGA ASOCIADA AL VIAJE, EL FACTOR DETONANTE EN LA NBA

Personas influyentes en la NBA, como Gregg Popovich, expresaron su malestar al conocer la propuesta del calendario, declarando que el sistema de competición que planificó la liga dicha esta temporada era "una locura". Durante la temporada, algunos jugadores sorprendieron con declaraciones importantes. Un ejemplo fue Andre Miller, el cual explica que cuando llega al tercero de los partidos en fila, tiene "el depósito vacío", según recogía un medio de ámbito nacional en USA 'Los Angeles Times'. Este tipo de respuestas era de esperar: partidos muy seguidos y de mayor trascendencia al jugarse una temporada regular más corta; por lo tanto, más intensidad, menos descanso para recuperarse de problemas leves y más prisa por regresar a las canchas sin estar plenamente recuperado. El mismo medio de comunicación publicaba recientemente un reportaje sobre los problemas de sueño de los jugadores con tantos viajes: duermen 5 o 6 horas la mayoría de las noches durante el año, aspecto que se presenta de vital importancia en el rendimiento del deportista (Latorre Roman, 1999). Los testimonios de algunos jugadores como Metta World Peace o Blake Griffin, reconocen que tienen problemas para conciliar el sueño debido al cansancio. Eso hace que se duerman muy tarde y poco, pues al día siguiente tienen que levantarse para entrenar o para viajar.

"Me levanto después de los partidos. No puedo dormir. Trato de hacerlo ocho horas cuando tengo días libres e intento dormir antes de los partidos, pero no puedo hacerlo después",

Es palpable que el elevado ritmo que impuso el calendario de la liga supuso un gran desgaste para los jugadores, a pesar de que la totalidad de ellos presentan físicos privilegiados. Y el calendario deja el descanso y las horas de sueño en un segundo plano.

Habitualmente se duermen más tarde de las 2 de la madrugada. Y al día siguiente tienen que estar en pie a las 9, durante los cuatro meses de competición.

Son apenas 6 horas sueño, cuando los deportistas deberían dormir 8 ó 9, según Charles Czeisler, director de la 'División de Medicina del Sueño' de 'Harvard Medical School'.

Esa falta de descanso provoca, por un lado, que las siestas antes de los partidos sean más habituales, y por otro, que aumente el consumo de estimulantes. El comentario de muchos jugadores responde a la falta de sueño durante el año, y la percepción de sentirse "habitualmente cansado".

En el baloncesto todavía no se ha estudiado científicamente la importancia de los viajes en el rendimiento, aunque algunos trabajos muy recientes de este año, ya han empezado a mostrar preocupación sobre la eficacia del sueño en vuelos a ambos lados del globo (Holmes et al. 2012). Sólo algunas investigaciones han profundizado en el efecto de los viajes de costa a costa y su incidencia en la recuperación (Steenland y Deddens, 1997). En el ámbito del entrenamiento y el rendimiento deportivo, la influencia de los viajes ha sido formulada por varios científicos como interferencia respecto a la carga de entrenamiento, al resultar un elemento añadido de adaptación y a tener en cuenta en el proceso de nutrición. Como consecuencia de los viajes, pueden surgir alteraciones orgánicas como: mareo, dolor de espalda, incremento de la temperatura, jet–lag en viajes transmeridianos, como es el caso de los jugadores que van de Oeste a Este en contra de luz con frecuencia relativa en la NBA, así como fenómenos de tipo vascular. Todo este conjunto de cambios biológicos afectan al rendimiento deportivo y la suma de todos ellos, se ha descrito en la literatura científica como elementos de "fatiga asociados al viaje en deportistas" (Reilly et al. 2008), y que se pueden identificar con muchos de los testimonios que los deportistas describen a lo largo de su carrera deportiva.

Uno de los signos más evidentes en los viajes, es el edema periférico en la pantorrilla. Una hinchazón indolora que hemos podido comprobar, sobre todo tras un largo viaje. Puede afectar a ambas piernas, pudiendo incluir las pantorrillas o incluso los muslos, presentando la respuesta indolora de pies y tobillos. Debido al efecto de la gravedad, la hinchazón es particularmente notoria en la parte baja del organismo. Aunque la presión barométrica y la hipoxia no parecen tener efecto en la producción del edema, la posición (el hecho de estar en una postura estática o en movimiento), la temperatura, la duración y la talla (Avares de Oliveira et al. 2006), son factores que afectan al aumento del volumen de la pantorrilla, fenómeno este muy frecuente dada la elevada estatura de los jugadores profesionales de la NBA.

Otros elementos, como la estructura del asiento, al no relacionarse con características individuales (habitual en nuestro deporte), provocan alteraciones en su estudio y es un condicionante para especificar zonas más proclives a la fatiga (Smith, 2000). A pesar de ello, los jets privados de los que disponen las franquicias ya han diseñado el habitáculo interno con asientos adaptables a la anatomía de los jugadores.

De manera concreta, existen aumentos significativos del volumen de la pantorrilla tras varias horas de vuelo (Mittermayr y col. 2003), aspectos que habitualmente pueden sufrir este tipo de deportistas dado que los viajes Coast to Coast, pueden oscilar en torno a las 5.30 min. Aunque no sólo se produce en un medio de transporte concreto, ya que se da, por ejemplo, en otros medios como el autobús (Schobersberger et al. 2004), medio también utilizado en el desplazamiento de hotel a la cancha y de la cancha al aeropuerto. Por lo que la posición sentada estática, parece determinante en el mecanismo de producción.

Del mismo modo que la posición, la vibración es un elemento dentro del transporte (Muzammil et al. 2003) susceptible de generar fatiga muscular y, además, causar alteraciones en el lecho vascular. En este sentido, los testimonios de los jugadores revelan que los asientos de los aviones deben encontrarse alejados de los motores del avión, con lo que intentan minimizar al máximo el efecto vibratorio.

Si relacionamos esta alteración en otros ámbitos, ciertos episodios típicos de inflamación aguda y edema, son reflejo de los resultados de las investigaciones concernientes al dolor muscular de aparición tardía (DOMS). Dichas sensaciones de rigidez y agujetas del día siguiente, son puntos con una respuesta inflamatoria local y acompañadas de cierto edema. Por ello, se establece una relación entre el edema y la fatiga (Holm et al. 2010) existiendo, en función de varios elementos, un factor de rango individual necesario para prevenir la fatiga temprana en ejercicio (Heydemann et al. 2009).

Estas condiciones provocan pérdida de niveles funcionales, siendo el edema, en algunos casos, un marcador apropiado de esta disminución (Holm et al. 2010) que puede ser reversible con protocolos efectivos de recuperación (Mann et al. 2003), especialmente entre partidos cuando se pueden jugar hasta 3 días seguidos. La infraestructura que los equipos llevan en su jets privados permite que este proceso sea mucho más eficiente.

En la clasificación actual propuesta (Fernández y Terrados, 2004), podríamos concluir que el edema o hinchazón producido durante el viaje como un factor de fatiga periférica. Asumiendo el impacto de los viajes en el rendimiento de este tipo de deportistas, referenciado en "fatiga de viaje" (Waterhouse et al. 2004) y apreciando que puede ser uno de los factores responsables de la ventaja de jugar en casa (Nevill et al. 1999), aspecto mencionado por muchos de los jugadores mas veteranos de la liga.

Siendo el edema un factor integrante y posible generador de fatiga, parece necesario investigar los efectos del viaje en deportistas con características especiales a lo largo de la competición. En la literatura existen diversos trabajos sobre los cambios de volumen en la pantorrilla en ejercicio y posición estática (Stick et al. 1992), así como su variación en diversos tipos de actividad y modificaciones en esa parte de la extremidad en diferentes viajes. Pero, hasta la fecha, no hemos encontrado estudios que analicen este fenómeno en jugadores profesionales de primer nivel y menos en jugadores de la NBA. Lo que pudiera presentar una interesante línea de investigación en el futuro.

REFLEXIONES SOBRE EL FUTURO EN DEPORTES DE EQUIPO

La finalizada temporada regular marcada por el lockout, supuso un punto de reflexión a los 'mandatarios' de la NBA, hasta el punto de querer reducir las jornadas del calendario definitivamente. Según la CBS, David Stern está estudiando la posibilidad de comenzar las temporadas en Navidad de forma permanente, en sus reciente palabras, "Sin duda es algo que hablaremos con los propietarios", dijo Stern. "La razón por la que no se ha hecho hasta ahora es por la infraestructura construida años atrás. Los estadios tenían programados 82 partidos y hay contratos televisivos firmados."

Sin duda alguna la crisis global que está padeciendo el planeta ha quedado patente en el mundo del deporte profesionalizado, lo que nos hace recapitular, "Por lo tanto, tendríamos que negociar con los jugadores una reducción del 20% de los salarios que reciben actualmente. Eso es un problema", sentenció Stern.

Más allá de problemas ajenos al mero hecho deportivo, es evidente que la evolución de la NBA, viene por reinventar su modelo deportivo, en el que el fin resulta por el aumento del número de partidos, para generar más recursos y dinero. Durante este año hechos inéditos como los back to back (partidos en dos días seguidos) han dejado paso a los back to back to back (tres días seguidos). Y aun más, en su pensamiento existe ese modelo de liga global que enmarcaría una competición mundial con varios continentes a modo de megaconferencias en las que los mejores equipos puedan competir. Los primeros pasos ya se han dado, con los partidos de pretemporada regular en el mes de noviembre y las giras de promoción de sus equipos en la preseason por otros continentes.

REFERENCIAS BIBLIOGRÁFICAS

Agel, J., Olson, d. E., Randall, D., Arendt, E. A., Marshall, s. W. & Sikka, R. S. (2007). Descriptive epidemiology of collegiate women's basketball injuries: national collegiate athletic association injury survilance system, 1988-1989 throgh 2003-2004. Journal of athletic training, 42(2), 202-210.

Aminaka, N. & Gribble, P. A. (2008). Patellar taping, patellofemoral pain syndrome, lower extremity kinematics, and dynamic postural control. Journal of athletic training, 43(1), 21-28.

Avares de Oliveira JR M, de Faveri M, Rodriguez Farias CM, Mansur AJ, Pereira-Barretto AC (2006). Economy class syndrome after long duration bus. Travel arquivos brasileiros de cardiologia - volume 86, n° 5, may.

Bennell, K., Talbot, R., Wajswelner, H., Technovanich, W. & Kelly, D. (1998). Intra-rater and inter-rater reliability of a weight-bearing lunge measure of ankle dorsiflexion. Australian physiotherapy, 44(3), 175-180.

Beynnon, B. D., Reström, P. A., Alosa, D. M., Baumhauer, J. F. & Vacek, P.M. (2001). Ankle ligament injury risk factors: a prospective study of college athletes. Journal of orthopaedic research, 19(2), 213-220.

Bland, j. M. & Altman, D. G. (1995). Comparing two methods of clinical measurement: a personal history. International journal of epidemiology, 24(1), s7-s14.

Calleja, Langarika, Terrados (2009). Planificación y programación deportiva en alto rendimiento. En: libro de actas de las xi jornadas y i congreso internacional de fisioterapia de la actividad física y el deporte. Madrid.

De Noronha, M., Refshauge, K. M., Herbert, R. D. & Kilbreath, S. L. (2006). Do voluntary strength, propioception, range of motion, or postural sway predict occurrence of lateral ankle sprain? British journal of sports medicine, 40, 824-828.

Deitch, J. R., Starkey, C., Walters, S. L. & Moseley, J. B. (2006). Injury risk in professional basketball players. 34(7), am j sports med. Jul;34(7):1077-1083.

Fernández B, Mora R, Terrados N. (2008). Apuntes módulo fatiga. Master coe.

Fuller, C. W., Ekstrand, J., Junge, A., Andersen, T. E., Barh, R., Dvorak, J., Hägglund, M., Mccrory, P. & Meeuwisse, M. H. (2008). Consensus statement on injury definitions and data collection procedures in studies of football (soccer) injuries. 16(2), 97-106.

Fuller, C. W., Molloy, M. G., Bagate, C., Barh, R., Brooks, J. H. M., Donson, H., Kemp, S. P. T., Mccrory, P., Mcintosh, A. S., Meeuwisse, M. H., Quarrie, K. L., Raftety, M. & Wiley, P. (2007). Consensus statement on injury definitions and data collection procedures for studies of injuries in rugby union. Clinical journal of sport medicine, 17(3), 177-181.

Gonzalez, AM., Hoffman, JR., Rogowski, JP., Burgos, W., Manalo, E., Weise, K., Fragala, MS., Stout, JR. (2012). Performance changes in nba basketball players vary in starters vs. Nonstarters over a competitive season. J strength cond res, may 29.

Gribble, P. A., Hertel, J. & Denegan, C. R. (2007). Chronic ankle inestability and fatigue create proximal joint alterations during performance of the star excursion balance test. International journal of sports medicine, 28, 236-242

Gribble, P. A., Hertel, J., Denegar, C. R. & Buckley, W. E. (2004). The effects of fatigue and chronic ankle instability on dinamic postural control. Journal of athletic training, 39(4), 321-329.

Hale, S. A., Hertel, J. & Olmsted-Kramer, L. C. (2007). The effect of a 4-week comprehensive rehabilitation program on postural control and lower extremity function in individuals with chronic ankle instability. Journal of orthopaedic & sports physical therapy, 37(6), 303-311.

Heydemann A, Mcnally E. (2009). No more muscle fatigue. J clin invest. Mar; 119(3):448-50.

Hertel, J., Braham, R. A., Hale, S. A. & Olmsted-Kramer, I. C. (2006). Symplifiying the star excursion balance test: analyses of subject with and without chronic ankle instability. Journal of orthopaedic & sports physical therapy, 36(3), 131-137.

Hertel, J., Miller, J. & Denegar, C. R. (2000). Intratester and intertester realiability during the star excursion balance test. Journal of sport rehabilitatation, (9), 104-116.

Hickey, G. J., Fricker, P. A. & Mcdonald, W. A. (1997). Injuries to young elite female basketball payers over a six-year period. Clinical journal of sport medicine, 7(4), 252-256.

Holmes, Holmes A, S, Hilditch C, B. (2012). Accid anal prev 2012 mar;45 suppl:27-31.

Hubbard, T. & Hertel, J. (2006). Mechanical contributions to chronic lateral ankle instability. Sports medicine, 36(3), 263-277.

Hubbard, R. J., Kramer, I. C., Denegar, C. R. & Hertel, J. (2007). Contributing factors to chronic ankle instability. Foot & ankle international, 28(3), 343-354.

Kinzey, S. J. & Armstrong, C. W. (1998). The reliability of the star-excursion test in assesing dynamic balance. Journal of orthopaedic & sports physical therapy, 27(5), 356-360.

Kofotolis, N. & Kellis, E. (2007). Ankle sprain injuries: a 2-year prospective cohort study in female greek professional basketball players. Journal of athletic training, 42(3), 388-394.

Kollock, R. O., Oñate, J. A. & Van lunen, B. (2008). Assessing muscular strength at the hip joint. Athletic therapy today, 13(2), 18-24.

Latorre Román, P.A. sueño y rendimiento físico-deportivo. Arc med dep. Xvi, 73:447-454, 1999.

Le Gall, F., Carling, C. & Reilly, T. (2007). Biological maturity and injury in elite youth football. Scandinavian journal of medicine & science in sports, 17 564-572.

Leetum, D. T., ireland, M. L., Wilson, J. D., Ballantyne, B. T. & Davis, I. M. (2004). Core stability measures as risk factor for lower extremity injury in athletes. Medicine & science in sports & exercise, 36(6), 926-934.

Man IO, Lepar GS, Morrissey MC, Cywinski JK. Effect of neuromuscular electrical stimulation on foot/ankle volume during standing. Med sci sports exerc. 2003 apr;35(4):630-4

Matveiev, L. : el proceso del entrenamiento deportivo. Stadium. Buenos aires. 1982

Mittermayr M, Fries D, Innerhofer P, Schobersberger B, Klingler A, Partsch H, Fischbach U, Gunga HC, Koralewski E, Kirsch K, Schobersberger W. Formation of edema and fluid shifts during a long-haul flight. J travel med. 2003 nov-dec; 10(6):334-9.

Muzammil M, Khan IA, Hasan F. Effects of vibration, feed force and exposure duration on operators performing drilling task. J hum ergol (tokyo). 2003 dec; 32(2):77-86.

Nadler, S. F., Deprince, M. L., Hauesien, N., Malanga, G. A., Stitik, T. P. & Price, E. (2000). Portable dynamometer anchoring station for measuring strength of the hip extensors and abductors. Archives of physical medicine and rehabilitation, 81(8), 1072-1076.

Navarro, F. La resistencia. Gymnos. Madrid. 1998

Nelson, A. J., Collins, C. L., Yard, E. E., Fields, S. K. & Comstrock, R. D. (2007). Ankle injuries among united states high school sports athletes, 2005-2006. Journal of athletic training, 42(3), 381-387.

Nevill AM, Holder RL. Home advantage in sport: an overview of studies on the advantage of playing at home. Sports med. 1999 oct;28(4):221-36.

Noronha, M., Refshauge, K. M., Herbert, R. D. & Kilbreath, S. L. (2008). Do voluntary strength, propioception, range of motion, or postural sway predict occurrence of lateral ankle sprain? British journal of sports medicine, 40 824-828.

Olmsted, L. C., Carcia, C. R., Hertel, J. & Shultz, S. J. (2002). Efficacy of the star excursion balance test in detecting reach deficits in subject with chronic ankle instability. Journal of athletic training, 37(4), 501-506.

Papadopoulos, E. S., Nicodopoulos, C., Anderson, E. G., Curran, E. G. & Athanasopoulos, S. (2005). The role of ankle bracing in injury prevention, athletic performance and neuromuscular control: a review of the literature. The foot, 15 1-6.

Payne, K. A., Berg, K. & Latin, R. W. (1997). Ankle injuries and ankle strength, flexibility, and proprioception in college basketball players. Journal of athletic training, 32(3), 221-225.

Platonov, V.N. (1988) El entrenamiento deportivo. Teoría y metodología. Paidotribo. Barcelona.

Plisky, P. J., Rauh, M. J., Kamiski, T. W. & Wajswelner, H. (2006). Star excursion balance test as a predictor of lower extremity injury in high school basketball players. Journal of orthopaedic & sports physical therapy, 36(12), 911-919.

Rechel, J. A., Yard, E. E. & Comstrock, R. D. (2008). An epidemiologic comparison of high school sports injuries sustained in practica an competition. Journal of athletic training, 43(2), 197-204.

reilly t, waterhouse j, edwards b. A review on some of the problems associated with long-distance journeys. Clin ter. 2008 mar-apr;159(2): 117-127.

Robinson, R. H. & Gribble, P. A. (2008). Support for a reduction in the numbers of trials needed for the star excusion balance test. Archives of physical medicine and rehabilitation, 89 364-370.

Scott, D. A., Bond, E. Q., Sisto, S. A. & Nadler, S. F. (2004). The intra- and interrater reliability of hip muscle strength assesments using a handheld versus portable dynamometer anchoring station. Archives of physical medicine and rehabilitation, 85(4), 598-603.

Schobersberger W, Mittermayr M, Innerhofer P, Sumann G, Schobersberger B, Klingler A, Simmer M, Streif W, Fischbach U, Fries D. Coagulation changes and edema formation during long-distance bus travel. Blood coagul fibrinolysis. 2004 jul;15(5):419-25

Smith SD. Modeling differences in the vibration response characteristics of the human body. J biomech. 2000. Nov; 33(11):1513-6.

Stick C, Jaeger h, witzleb e. Measurements of volume changes and venous pressure in the human lower leg during walking and running. J appl physiol. 1992 jun;72(6):2063-8

Steenland K, Deddens JA. Effect of travel and rest on performance of professional basketball players. Sleep. 1997 may;20(5):366-9

Terrados Cepeda, N., Mora-Rodríguez, R. y S. Padilla Magunacelaya. (2004). La recuperación de la fatiga del deportista. Editorial gymnos, madrid.

Terrados, Calleja-Gonzalez. (2010) recuperación postcompeticion del deportista. Arch med dep, 138. Vol xxvii, 41-47.

Verjoshanski, I.V. (1990) Entrenamiento deportivo. Planificación y programación. Martinez roca. Barcelona.

Waterhouse J, Reilly T, Edwards B. (2004). The stress of travel. J sports sci. Oct;22(10):946-65

Willems, T., Wivtvouw, E., Delbaere, K., De Cock, A. & De Clercq, D. (2005). Relationship between gait biomechanics and inversion sprains: a prospective study of risk factors. Gait & posture, 21(4), 379-387.

Willems, T. M., Witrvrouw, E., Delbaere, K., Philippaerts, R., De Bourdeaudhuij, I. & De Clercq, D. (2005). Intrinsic risk factors for inversion ankle sprain in females-a propective study. Scandinavian journal of medicine & science in sports, 336-345.

Wright, I. C., Neptune, R. R., Van der Bogert, A. J. & Nigg, B. M. (2000).the influence of foot positioning on ankle sprains. Journal of biomechanics, 33(5), 513-519.

www.ingramcontent.com/pod-product-compliance
Lightning Source LLC
Chambersburg PA
CBHW081129170426
43197CB00017B/2796